BITÁCORA
DE INSPIRACIÓN

Episodio II:
Abrazar el proceso

Anuario
Minicarbono 2021

mini
* car
bono

CONTENT CREATOR

PAPEL
limón

1ª EDICIÓN.

Buenos Aires, Argentina
Mayo 2023.

Contenido: Carla Bonomini
Editora: Gisela Benazzo
Fotografía: Carla Bonomini
Ilustración de portada: Florencia Anahí Herrera

Impreso en Argentina.
Printed in Argentina.

ISBN: 978-987-88-8701-2

Bonomini, Carla
  Bitácora de inspiración : abrazar el proceso / Carla Bonomini. -
1a ed mejorada. - Ciudad Autónoma de Buenos Aires : Andrea Gisela
Benazzo, 2023. 116 p. ; 21 x 15 cm. - (Anuario minicarbono / 2)

  ISBN 978-987-88-8701-2

  1. Creatividad. 2. Desarrollo Personal. I. Título.
  CDD 153.35

Índice

Una serie: Six Feet Under

Un material: madera

Un patronus: ciervo

Mi nombre es Carla Bonomini, nací en Buenos Aires y vivo en Berlín. A lo largo de mi carrera pasé por muchas instancias profesionales y cada una de ellas hizo posible que hoy tenga el trabajo de mis sueños: acompañar a otras personas en su camino de autodescubrimiento creativo. Mi misión es crear propuestas lindas y nobles que hagan una diferencia positiva en el mundo, e incitar a otros seres humanos a que hagan lo mismo.

A través de mi newsletter mensual, comunidad en Patreon, mis workshops, mentorías, videos, fotos, escritos, y siempre (pero siempre) llevando la introspección creativa como bandera, todo lo que nace de mí busca en última instancia inspirar a alguien más a patear a su censor, animarse a crear y permitirse ser vulnerable.

Me parece una locura hermosa estar editando la segunda bitácora. Gracias a todas las personas que gustan de lo que hago y apoyan mi trabajo desde La Baumhaus, el newsletter, los talleres y las redes. Sin ustedes, este sueño loco del libro propio no existiría.

Gracias a mis amigues de Berlín, que hicieron que mis recuerdos de la cuarentena alemana de 2021 estén repletos de cenitas, pelis, juegos de mesa y desayunos continentales. No sé qué hubiera sido de mi salud mental y emocional sin ustedes de este lado del charco.

Gracias a mis viejos, por darse cuenta de que estaba al borde del colapso y llevarme al paraíso quintanarroense a escaparme un ratito del lockdown.

Gracias a Romi y Rochi, por enseñarme que nuestra amistad es más fuerte que cualquier distancia y océano.

Gracias a Bruno por las enseñanzas, las aventuras y el amor.

Gracias a Gigi, mi editora, por seguir apostando conmigo a la Bitácora.

Gracias a Mer por su ayuda, su creatividad y su luz.

Gracias al Universo por su abundancia infinita.

Y gracias a vos por tener este libro hoy en tus manos.

¡Gracias, gracias, gracias!

Esta bitácora corresponde a los envíos de mi newsletter que salieron hacia un montón de casillas de mails durante el 2021. Además, incluí algunas cositas extra de yapa que creo que pueden resultarte interesantes.

Si querés la colección completa de bitácoras, la buena noticia es que esta es la colección más fácil de completar en el mundo: ¡Solo existe una antes de esta!
El primer episodio de la bitácora (Episodio I: sacar belleza del caos) podés encargarlo desde cualquier lugar del mundo entrando acá.

Ahora sí... ¿Arrancamos?

× Si en algún momento descubrís que uno de los QR de este libro dejó de estar vigente, podés entrar a minicarbono.com/bitacora a buscar el link corregido. Si ves que no está, eso significa que sos la primera persona en descubrirlo :) En ese caso, te pido que me escribas a carla@minicarbono.com avisándome, así con tu ayuda logramos que este libro y sus recomendaciones se mantengan siempre, dentro de lo posible, actuales.)

¡Hola del otro lado! ¿Cómo están? Feliz 2021 ¿Lo arrancaron bien? Yo lo empecé muy bien visitando a la gente que quiero, ya que por casi un mes cambié el frío invernal, las noches que arrancan a las 16hs y el lockdown alemán por temperaturas de 37 grados, días largos y la ilusión que nos permite transitar por un ratito la pandemia en verano. Ya viví esto en julio en Berlín, nos sentimos más libres, podemos salir a tomar algo y hasta por momentos nos olvidamos un ratito del contexto. Una voz en el fondo de mi cabeza me susurra que esto es transitorio, pero elijo silenciarla un rato para tomarme un recreo mental y disfrutar de lo que estoy viviendo. Es que de eso se trata este viaje, nunca había estado tanto tiempo lejos de mi familia y amigos (hace ya un año que me mudé) y me la estoy pasando de encuentro en encuentro, de cena en cena, de brindis en brindis. En Berlín hice nuevos amigos con los que la paso increíble, pero hay algo en las relaciones de toda la vida que resulta irremplazable. Recuerdo las noches que con mi mejor amiga nos quedamos en su balcón mirando el cielo esperando ver pasar alguna bruja, cuando le pusimos talco a las piedras del Uritorco de su abuela para ver si encontrábamos señales de OVNIS, la bitácora de casos que llenábamos tratando de descubrir quién había asesinado a Pestalozzi, el pedagogo suizo que le dio nombre a nuestro colegio (disclaimer, nadie mató a Pestalozzi, murió por una enfermedad a los 81... ¡o eso es lo que dicen!), esas relaciones te marcan de una manera especial.

También aproveché mi tiempo en Buenos Aires para revisar las dos valijas que dejé en lo de mi abuela con las cosas que no pude llevarme a Berlín en el primer viaje y que no quería vender ni regalar (a diferencia de otras cientos de cosas de las que me desprendí) y fue una sensación muy rara y linda la de bucear entre mis libros favoritos, los cuales no vi por un año, y elegir cuáles llevarme de vuelta para casa ahora. Esta vez se vuelven conmigo mis novelas gráficas preferidas, entre ellas Watchmen, Maus y toda Scott Pilgrim. Me da felicidad imaginar mi biblioteca alemana empezando a llenarse con algunos de mis pedacitos de historia en papel, los cuales de alguna manera fueron construyendo mi identidad a través de los años... Es como llevarme un poco de mis raíces al otro lado del océano. En esas valijas me reencontré también con un VHS de mi egreso de sexto grado y dos casettes que se llaman "Carla 1994" y contienen audios teniendo conversaciones con mi familia, que cuando era chiquita me grababa charlando para que quede un recuerdo de esa voz aguda de cuerdas vocales finitas que supe tener alguna vez.

Les cuento todo esto porque este mes me costó mucho encontrar la temática para el newsletter, siempre me pongo como fecha límite el 15 para tenerla decidida y hacia el 22 todavía no tenía nada. Decidí tratar de no entrar en pánico y abrirme a los mensajes que me iba dejando enero, y naturalmente caí en el tema de conectar con las propias raíces. Para mí las mejores creaciones son las auténticas, las que en vez de seguir una tendencia hablan desde las particularidades de cada persona, y creo que hay una mina de oro creativa en esas cosas que hacíamos de chicos, en las historias que nos contaban nuestros abuelos, en el recorrido de nuestro árbol genealógico. Además, contándole a mi mamá sobre el tema que elegí este mes me dijo algo que no se me había ocurrido, pero con lo que estoy super de acuerdo: a través del arte también podemos sanar heridas de la niñez. ¿Hay algo de su historia que les duela? ¿Se les ocurre alguna manera de transmutarlo a través de una creación? Si andaban necesitando una excusa para encender su creatividad después de la vibra chill de enero, creo que esta podría ser una: quiero invitarlos a recorrer su propia historia a través de ejemplos de otras personas que utilizaron sus raíces para crear algo especial, además de compartirles tres herramientas que creo que pueden resultarles útiles en esta búsqueda (siempre que resuene con ustedes). ¿Arrancamos, entonces?

Tres fuentes de inspiración de personas que utilizaron sus propias historias y raíces para crear magia.

Un libro: Heimat

Heimat, a german family album (Heimat significa algo así como patria o tierra natal en alemán) es una memoria gráfica de Nora Krug, la cual me encontré revisando Shakespeare and sons, mi librería favorita de Berlín, y que me está volando la cabeza. En el libro, Krug reconstruye la historia  de su familia, el antisemitismo presente en sus propias raíces y la culpa nacional y colectiva que cargan consigo los alemanes de todas las generaciones posteriores a la segunda guerra mundial. Es a mi criterio una obra de arte tanto desde su contenido como desde su implementación, y una forma hermosa de la autora de tratar de sanar desde la creación algo tan personal para ella como colectivo para el pueblo alemán. Se consigue en español como "Heimat, lejos de mi hogar" y vale cada centavo.

Una ilustradora: Anna Emilia Laitinen

Conocí a esta ilustradora hace varios años a partir de un libro que compré en una feria del libro y me enamoré instantáneamente de su estilo tan sencillo y natural. Siempre me quedó resonando la forma en la que se presentaba diciendo que su trabajo estaba fuertemente marcado por el hecho de haber crecido en un ambiente rural: nació en Leppävirta, un pueblo finlandés con campos de frutillas, lagos y bosques de pinos, y pasó su infancia construyendo chozas con ramas, escuchando cuentos en casettes y dibujando, cortando y pegando papel. Cuenta que una vez incluso encontró unas flores en el bosque y las usó como pinceles, y todo esto me parece una muestra clarísima de cómo a partir de nuestras raíces y orígenes pueden nacer los frutos más raros y especiales. ¿Cómo no van a transmitir la magia del bosque sus creaciones con esa infancia repleta de naturaleza?

Un video: Roots

Este video me pareció un lindo ejemplo de cómo utilizar material de la infancia para crear algo en el presente. Es una especie de collage audiovisual que combina dos videos: unos grabados por Ben junior (quien también edita) en 2012 y otros grabados por Ben senior (padre del editor) con una Super8 en los 60s y 70s. En la descripción del video dice que Roots es una cooperación entre ambos Bens y eso me parece hermoso, como si el editor hubiera creado una especie de vortex temporal en el cual él y su padre colaboran juntos en una creación. ¿No es un concepto divino? Me dieron muchas ganas de crear algo del estilo (estoy pensando en usar los casettes que les conté en la intro). Pueden ver Roots acá.

HERRAMIENTAS

Tres herramientas concretas para aportar a la conexión con nuestras raíces y ver si surge alguna chispa creativa de ese reencuentro.✦

Un ciclo de charlas: Criaturas Creativas

¿Ya la conocen a Betty Patrañas? ¡Yo la adoro! Y si bien por ahora solo tuvimos conversaciones virtuales y videollamadas, de alguna extraña manera siento que la conozco desde siempre. Betty (o Pili) es una mujer creativa, luminosa, copada y llena de talento y recursos para crear y compartir; y al comienzo de la pandemia creó un ciclo de charlas en vivo que decidió llamar Criaturas Creativas en las que eligió a "adultos con ojos de niños" para conversar un poco sobre creatividad, tratando de volver a la mirada y percepción de sus propios niños interiores. Tuve el honor de ser invitada a una de estas charlas, la cual les comparto acá, y pueden encontrar todas las demás en su IGTV.

Un disparador: ¿Qué cosas disfrutabas en la infancia?

En mi taller de Passion Projects hacíamos un ejercicio que se trataba de crear una lista con las cosas que te interesan o que disfrutás en la vida. Para ayudar a ampliar esa lista siempre le decía a mis alumnos que pensaran también en esas cosas que disfrutaban mucho de chicos, aunque por ahí ahora de adultos no las hicieran más, porque puede haber lindas puntas de ideas en esos disfrutes de la infancia que tenemos olvidados. ¡Así fue que Lu Capon se reencontró con los aviones! Me acuerdo de que al contarlo en clase, Lu dijo que la aviación era algo que de chica le encantaba y que por alguna razón había dejado olvidado en algún rincón de su memoria hasta el momento de volver a revivirlo en su listita ahí con nosotros. A partir de ese insight surgió su passion project y varias cosas más que incluyeron a la aviación, esa pasión olvidada, como eje central. En su cuenta de Behance pueden ver un video y varias fotos que creó a partir de este descubrimiento. Si se sienten trabados creativamente este puede ser un lindo ejercicio: hacer una lista de todas las cosas que disfrutaban hacer de chicos y ver si aparece alguna magia ahí.

Un vivo con Nico Sommer, padre de Niño

Este mes tuve el placer de charlar con Nico Sommer, fundador (o padre, como dice él) y director creativo de Niño, una agencia de publicidad independiente. Inocente, caprichoso, fresco, sorprendente, inquieto, verdadero, todo en su agencia desde el nombre hasta el concepto gira en torno a la niñez. Recuerdo perfecto que cuando la creó allá por 2012, cuando era mi profesor de redacción en una escuela creativa, me dio su tarjeta personal y me llamó muchísimo la atención que haya elegido usar una foto de su infancia para presentarse profesionalmente. Charlamos sobre conectar con nuestras raíces y nuestro niño interior para mantener viva nuestra creatividad, algo que Nico claramente hace muy bien. Podés ver la grabación del encuentro acá.

PENSAMIENTOS

"Tal vez la única manera de encontrar el 'Heimat' que perdí sea mirar hacia atrás; ir más allá de la vergüenza abstracta y hacer esas preguntas que son realmente difíciles de hacer: sobre mi propio pueblo natal, sobre las familias de mi padre y de mi madre. Volver a los pueblos de los que proceden cada uno de ellos. Volver a mi infancia, regresar al principio, seguir las migas de pan y esperar que me lleven a casa".

Heimat, a family album - Nora Krug

Espero que les haya gustado este envío, yo realmente siento que salió de un espacio muy interno mío y estar redactándolo en Buenos Aires me parece que tuvo mucho que ver. Lo terminé de armar tras un fin de semana con mis amigas jugando con burbujas, comiendo torta, encendiendo estrellitas y haciendo nuestras propias remeras batik, y creo que me siento más conectada con esa vibra creativa de la infancia que lo que me sentí en todo el año. Deseo de corazón que algo en el contenido de este correo les despierte la misma chispa.

¡Hola del otro lado! ¿Cómo están? Yo muy bien, esperando pacientemente que termine de una vez el lockdown en Alemania para poder salir a pasear un poquito por estos lares. Por suerte acá se puede salir a caminar y el clima se puso muy lindo, así que tampoco me quejo demasiado. Paso mi tiempo libre caminando, andando en bici y viendo pelis y series. Una de las películas que vi este mes fue Man on the Moon, seguida de su documental Jim and Andy. ¿Los vieron? La primera es una peli en la que Jim Carrey interpreta a Andy Kaufman, un... ¿comediante? ¿actor? ¿performer? de los años 70, y la segunda es la historia real de lo que le pasó a Carrey personalmente al interpretar a Kaufman. No les quiero contar mucho por si no la vieron, pero es loquísimo lo que sucede. Les cuento esto porque tiene bastante que ver con la temática de este mes, el valor de la sensibilidad: Jim Carrey me da la sensación de ser una persona super sensible y especial, tanto al punto de ya ser raro para este mundo, y creo que eso lo diferencia muchísimo de otros actores. Vean Man on the Moon, después Jim and Andy y ahí me cuentan si están de acuerdo.

Volviendo al estilo autorreferencial que caracteriza a las intros de mi newsletter, en mi caso siempre fui una persona muy sensible. Lloro fácil, no solo de tristeza sino también cuando algo me resulta muy lindo. Me pasó muchísimas veces de sentirme sobrepasada por la belleza de algo en frente mío, un paisaje, una canción, un atardecer, y ponerme a llorar. Si estoy con alguien trato de ocultarlo y cuando siento que se me llenan los ojos de lágrimas intento mirar para otro lado, porque soy consciente de que socialmente es una reacción bastante extraña. Hace unos meses empecé a escuchar el término "persona altamente sensible" por todos lados, que se refiere a la gente que simplemente siente las emociones y la empatía mucho más fuerte que el resto de las personas, y jugando a autodiagnosticarme me resulta muy probable que yo lo sea. Pareciera una explicación considerablemente coherente para mi forma de ser.

Hablando de diagnósticos, una vez mi psicóloga me contó que el día que me conoció y me saludó por primera vez, mientras subíamos en el ascensor pensó que iba a ser muy difícil que yo me abriera a contarle cosas. "Ponías una barrera muy fuerte de entrada" me dijo "y apenas nos sentamos y nos pusimos a hablar me di cuenta de que nada que ver, sos super abierta y sensible, lo del ascensor era solo tu carta de presentación inconsciente hacia el afuera". No es la primera, ni la segunda, ni la quinta vez que me lo dicen, parece que ¿intimido? cuando recién conozco a alguien, o al menos que impongo una marcada distancia inicial. ¿Será que en algún punto de mi vida incorporé sin darme cuenta esa máscara para aparentar ser más ruda de lo que soy y proteger así mis propias vulnerabilidades?

Me costó un tiempo entender que mi sensibilidad es un valor en lugar de una debilidad. Una vez una clienta me dijo que mis videos eran especiales, más que por la técnica, por la sensibilidad. "Tu valor más grande es la sensibilidad", escuché a alguien decirme por primera vez y de repente todo tuvo sentido. Sobre todo, al comienzo de mi carrera, cuando no entendía del todo cómo funcionaba el mundo real, me guiaba por patrones y esquemas ajenos tratando de encajar en un molde que era el que yo consideraba el correcto y "contratable". Y ese día, cuando me dijeron esa frase, de repente algo en mí hizo click.

¡Mi superpoder es la sensibilidad y me encanta!

Hace poquito hice un video muy personal usando dos audios de Telegram con mi novio que me hizo sentir bastante vulnerable al publicarlo y que tuvo una repercusión que me sorprendió muchísimo, con un montonazo de gente que me

dijo que la hice llorar en 46 segundos. Poder exponer mis vulnerabilidades de una manera humana que le llegue a los demás me llena la panza de cosas lindas, y desde que descubrí que tengo este superpoder lo llevó como bandera a dondequiera que voy. Ese es el objetivo de este envío: que dejemos nuestras máscaras rudas de lado por un ratito y nos abramos a la magia que trae el permitirnos ser sensibles y vulnerables frente a los demás. Les voy a compartir tres creaciones sensibles que creo que pueden resultar inspiradoras, así como también tres herramientas para incentivar a que se asome ese lado nuestro. ¿Me acompañan?

Tres fuentes de inspiración que me mimaron el alma (dos al verlas y una al hacerla) y que espero que a ustedes también:

Un mini documental con Zoe Gotusso

Retrato en movimiento es un documental de 10 minutos con Zoe Gotusso, cantante argentina que me tiene enamorada desde la primera vez que la escuché. Son diez minutos que no tienen desperdicio, todo desde lo que dice ella hasta sus canciones y la forma en la que está editado el video destila sensibilidad pura y está lleno de ideítas visuales que resultan referencias muy copadas (yo ya me encontré implementando algunas en mis videos). "Pienso que no hay reglas para hacer canciones, a mí me gusta partir de un sentimiento" dice Zoe y yo suspiro. Pueden ver el docu completo acá.

Una tríada de videos de Berlín

En 2019 viajé sola a Berlín por un mes y medio para terminar de decidir si quería mudarme a esta ciudad o no. Estaba en plena búsqueda personal con cuestionamientos en un millón de aspectos (hola retorno de Saturno) y en esa búsqueda fui retratando el viaje a través de tres videos cortos que representan el proceso interno que estaba viviendo. Los pueden ver acá.

Un video de Juan Ingaramo

La primera vez que vi el video oficial de Horóscopo de Juan Ingaramo terminé llorando con espasmos frente a la computadora, y

desde ese momento se convirtió en uno de mis videoclips favoritos por haberme conmovido así desde la sencillez extrema de un recurso cotidianísimo como la captura de pantalla de la compu. Encuentran el video acá.

HERRAMIENTAS

Tres herramientas (¡y una yapa!) para darle un empujoncito a la sensibilidad y trasladarla a nuestras creaciones:

Un vivo con Sopa

¿Conocen a las chicas de Sopa Estudio? La fotito de este segmento es de ellas. Yo las sigo desde Cemento porque me siento muy

hoy María y Lucía emprendieron caminos separados: Lucía quedó a cargo de Sopa y María abrió la tienda más adorable de Buenos Aires, @tiendalechuga identificada con su estilo y su manera de expresarse a través de sus trabajos y su manera tan delicada de conmover. Y es loco porque, si bien las seguía hace un montón, fueron ellas las que se acercaron a mí un día al conocer mi passion project Minas a la Obra. "Nos encanta lo que hacés porque es re Sopa" me dijeron, hubo un high five tácito de sensibilidades y yo supe instantáneamente de qué estaban hablando porque era lo mismo que me pasaba a mí con sus creaciones. La frase de cabecera de Sopa es "solo conmover importa" y de eso charlamos las tres en un vivo muy hermoso en el que se tocaron temas como la sensibilidad, la vulnerabilidad y el valor de trasladarla a nuestras creaciones y nuestro trabajo creativo. Lo podés encontrar acá.

Minas a la obra

Vivo con Sopa.

Un webinar con Lau Martin ⟶ www.instagram.com/laumartinilus/

El año pasado una ilustradora me escribió por Instagram contándome que "quizás es medio cuelgue pero me estoy por ir a vivir a Berlín y no conozco a nadie y a lo mejor cuando esté allá nos podemos juntar". Mi introversión, mi personalidad hiper tranquila, mi leve ansiedad social y yo somos bastante particulares dejando

pasar gente nueva a nuestra vida, pero con esta piba algo lindo resonó al toque y resultó que mi intuición no se equivocaba: terminé encontrando en Lau una gran amiga con la que ya compartí un montonazo de paseos, matecitos y proyectos creativos hermosos en los que descubrí que nos complementamos prácticamente a la perfección, porque lo que yo no tengo lo tiene ella y viceversa. Resulta que Lau hace poquito participó de un webinar para Coderhouse que me encantó en el que habla, a través de experiencias personales y también ejemplos de otras personas, sobre cómo para ella lo personal siempre es lo más creativo. Dura una horita y resulta muy inspirador para animarse a abrirse. Acá se los dejo por si quieren verlo.

Una charla TEDx con Brené Brown

The power of vulnerability (el poder de la vulnerabilidad) es el título de esta charla tan sincera como divertida y conmovedora que dio Brené Brown en TEDxHouston. No les voy a contar de qué va porque el título básicamente lo dice todo, así que acá se las dejo (en inglés con subtítulos en español). ¡Me encantó!

PENSAMIENTOS

*"Para que pueda suceder una conexión
necesitamos permitirnos ser vistos, realmente vistos"*

Brené Brown

Y así llegamos al final de nuestro viajecito mensual, esta vez nadando en el mar sensible propio de la temporada pisciana. En este mundo tan loco que nos tocó, que la mayoría de las veces nos necesita desensibilizados avanzando como maquinitas autómatas, permitirnos ser sensibles, abrirnos a otros seres vivos, ejercitar nuestra empatía y compartir nuestras más profundas vulnerabilidades es, en mi opinión, un acto tan revolucionario como necesario.

Espero que este newsletter los haya encontrado con salud y estabilidad emocional, pero si no fue así acá van unos rayitos de luz para quien los necesite. ✦ ✦ ✦

¡Hola del otro lado! ¿Cómo están? Yo muy, muy bien. Finalmente, tras un año viviendo en Berlín con la Working Holiday conseguí la visa freelance por tres años, así que decir que estoy feliz sería un understatement: soy un perro con diez colas. Ahora sí siento que llegué de verdad a Alemania y que dejé de jugar a Juliana Expat: tengo un seguro médico de verdad, aportes jubilatorios y estoy eligiendo a todos mis nuevos doctores de este lado del charco. En Argentina la dentista era básicamente mi confidente ya de lo mucho que iba (sigo preguntándome cómo podía darme charla y deducir mis respuestas mientras le contestaba con un torno y un algodón bloqueándome la boca) así que se imaginarán lo que significa para mí estar buscando una acá. Hasta ahora me sentía una turista extendida, alguien que pidió permiso para quedarse un ratito más a quien en cualquier momento le podían decir "todo muy lindo, pero ya estamos cerrando y te tenés que ir". Ahora finalmente siento que llegué, llegué de verdad.

Observando el último año en retrospectiva, haberme mudado a Alemania también significó una oportunidad de alejarme de cosas mías que no me gustaban, verlas con distancia y hacer algo para cambiarlas y sentirme mejor. Es como si la lejanía me hubiera dado perspectiva, una nueva oportunidad de reacomodar cosas que venía arrastrando hace mucho y que ya no tenía ganas de andar cargando. Un poco de eso se va a tratar este envío: hay muchos aspectos de nuestras circunstancias que seguramente no podemos cambiar, pero seamos honestos, hay un montón que probablemente sí. Puede que haya más de una cosa que nos molesta de nosotros mismos y que sabemos que perfectamente podríamos mejorar, pero es como si la inercia de alguna manera no nos lo permitiera. Este mes mi deseo es que este newsletter sea algo así como una chispita pequeñita que active el fuego del cambio: ¿Hay algo que te molesta de vos y que sabés que podrías cambiar si te lo proponés? Hice esta pregunta en La Baumhaus y salieron todo tipo de respuestas: alguien habló de su relación con el celular, otra persona mencionó su falta de ejercicio físico, alguien más nombró su hábito de comerse las uñas... Esta es una invitación a intentar despejar alguna que otra de esas nubes molestas que no nos dejan ver bien el sol y acallar un poco el ruido que no nos permite escuchar los pajaritos. La pregunta que me y les hago este mes es: ¿Qué pasaría si aprovechamos el impulso colectivo de mucha gente recibiendo la misma chispa en sus bandejas de entrada y tratamos de romper con la inercia? ¿Será que el envión grupal nos empuja más lejos?

Es un tema amplio el de tratar de estar un poquito mejor, y puede tomar tantas formas y colores como personas hay en el mundo. Yo, por ejemplo, durante abril elegí enfocarme en redefinir mi relación con el celular (otra vez, y van...). Y no es que quiera sonar pushy, pero levantando un segundo la cabeza y mirando a mi alrededor creo que es un problema sobre el que quizás varias personas (¿por no decir casi todas?) deberíamos accionar. Cada vez que estoy con alguien y se pone a scrollear o chatear enfrente mío, cada vez que veo un posteo sobre qué hay que hacer para que el algoritmo de Instagram no te abandone, cada vez que estoy aburrida y automáticamente me pongo a boludear con el teléfono, cada vez que estoy por crear algo y automáticamente pienso en la respuesta de una audiencia... siento total y absoluto rechazo por ese aparatito y por ser parte de esa locura. Y, si bien mejoré muchísimo el último año en relación a mi uso del celular, siguen habiendo cosas que me hacen ruido y que siento demasiado arraigadas en mi manera de relacionarme con él, sobre todo en lo que a redes sociales se refiere. Por eso mi intento por estar un poquito mejor en abril va a ser hacerle caso al libro Digital Minimalism de Cal Newport (hace un tiempo hice un envío sobre minimalismo digital en el que ahondo sobre este tema, si les interesa) y alejarme por un mes de todas las

este envío salió en 2020 y lo podés encontrar en la Bitácora I redes sociales (en mi caso Instagram, Facebook, LinkedIn y Behance, porque Twitter por suerte ya la dejé y Tik Tok es una droga que no tengo interés en siquiera probar) para, con distancia y la mente fresca, ver qué pasa conmigo, sacar conclusiones y rearmar mi relación con ese ecosistema de una manera que me resulte funcional a mí. Compartí el desafío de #abrilsinredes en La Baumhaus y al día de hoy 29 personas ya se sumaron a hacerlo conmigo, así que armamos un canal especial en nuestro servidor en Discord para acompañarnos. Tengo un kit de cianotipia que me regalaron mis amigos por mi cumpleaños listo para ser estrenado, y además me anoté discos que quiero escuchar, pelis que quiero ver y libros que quiero leer porque me interesa mucho ver qué hago con el tiempo que me es devuelto, como alguien dejando de fumar que ve todo lo que puede regalarse con la plata que ya no se le va en cigarrillos. Veremos qué nos trae este abril silencioso.

Y ustedes, ¿también quieren estar un poquito mejor en relación a su uso de redes sociales? ¿O su tema es otra cosa? ¿Hay alguna molestia personal que vienen escuchando hace más tiempo del que querrían y que creen que va llegando la hora de observar? ¿Algo que realmente crean que está en su poder cambiar? Quizás sea abril una buena excusa para finalmente intentarlo. Este envío va a ser un poco más amplio y ambiguo que los anteriores, tratándose de un tema tan enorme de abarcar, pero espero que igualmente les llegue: voy a compartir tres fuentes de inspiración y tres herramientas que creo que pueden incitarlos a escucharse con honestidad y decidir embarcar en un cambio positivo, porque creo que al final de cuentas siempre se puede estar un poquito mejor. ¿Me acompañan?

recién salida de que me aprueben
la visa freelance por tres años

INSPIRACIÓN

Tres chispitas de inspiración que podrían encender la llama del cambio. ✦

Un deck de cartas: The Healing Tarot

Este mes me topé con un proyecto que me enamoró: Emma Baynes es una ilustradora de Brooklyn que para su senior project en la carrera de diseño hizo un deck de cartas de tarot que llamó "The Healing Tarot", algo así como "el tarot de la sanación". Para hacerlo combinó imágenes tradicionales de tarot con sus propias ilustraciones y símbolos (en lugar de usar bastos y espadas, por ejemplo, usa margaritas y nubes) y el resultado es una belleza absoluta. Lo que más me gustó del deck, aparte de lo hermoso que es, es que es un viaje de exploración introspectiva hacia su propio trastorno alimenticio, su percepción de sí misma y su camino de auto aceptación. Me parece una forma divina de ponerle luz a partes de ella que probablemente la necesitaban, y una idea muy linda para transmutar algo y estar un poquito mejor. Acá pueden ver el proyecto completo.

Una canción: Soul Meets Body

Death cab for cutie es mi banda favorita. Sus letras me abrazan, sus melodías me transportan a otros planos y tienen una sensibilidad que por alguna razón siento que combina muy lindo con la mía. Su canción Soul Meets Body puede interpretarse de muchas formas distintas, pero yo elijo creer que se trata sobre encontrar armonía, balance y claridad en un mundo que tiende a ser muy inestable y confuso. ¿Y no es eso justamente lo que estamos buscando todos los que queremos estar un poquito mejor?

"I want to live where soul meets body
And let the sun wrap its arms around me,
And bathe my skin in water cool and cleansing
And feel... feel what it's like to be new."

"I cannot guess what we'll discover
When we turn the dirt with our palms cupped like shovels
But I know our filthy hands can wash one another's
And not one speck will remain"

Acá les dejo el video oficial de la canción por si quieren escucharla y, si no conocen la banda, porfi denle una chance porque son amor del más puro y lindo (busquen en YouTube su Tiny Desk Concert que es una preciosa puerta de entrada a su universo 🧡)

Un discurso: This is Water

Hará aproximadamente medio año una lectora del newsletter, Laura, me envió por mail un texto que creyó que me gustaría. Lo descargué y lo dejé en una carpetita hasta que sintiera ganas de leerlo (soy caprichosa con mis lecturas y acudo a su llamado solo cuando de verdad lo siento), lo cual ocurrió hace poquito que lo encontré, lo leí y me encantó. This is Water

es en realidad un discurso que dio David Foster Wallace en una ceremonia de graduación y en él habla sobre cómo en los adultos tendemos a enroscarnos demasiado en la vida cuando lo más real y esencial de nuestra existencia está escondido a simple vista:

"Nada de esto se trata de moral, religión, dogma o sofisticadas preguntas sobre la vida después de la muerte. La cuestión aquí es la vida antes de la muerte. Es llegar hasta los treinta, o tal vez incluso los cincuenta, sin querer dispararte en la cabeza. Es sobre el verdadero valor de la educación, que no tiene que ver con calificaciones o títulos sino con la simple conciencia –conciencia de lo que es real y esencial, tan escondido a simple vista alrededor de nosotros, que tenemos que recordarnos a nosotros mismos una y otra vez: Esto es agua."

A veces solo necesitamos que alguien nos recuerde qué es lo verdaderamente importante. Acá les dejo el texto en inglés (se consigue también en español) por si ustedes, como yo, también necesitaban recibir este memo. ¡Gracias tardías, Laura!

Tres herramientas para quienes estén buscando encarar un cambio positivo:

Un taller: Barajar y dar de nuevo

Esto parece shameful autopublicidad y un poco lo es (pues qué sería de mí sin el autobombo) pero de verdad al crear Barajar y dar de nuevo intenté compartir todas las herramientas de organización y planificación que me ayudaron a estar un poquito mejor y por las respuestas que me dejaron sus participantes en el cuestionario anónimo creo que lo logré bastante bien. 🧡 Es una especie de crash course introspectivo para frenar y mirar hacia adentro, encontrar áreas de oportunidad, mejorar procesos, preguntarnos qué queremos a futuro, acomodar el presente y encarar lo que viene con propósito y estrategia.

Un libro: Atomic Habits

Ya les hablé de Atomic Habits de James Clear en otro envío y en Instagram cuando compartí la analogía del hielo, pero no me canso de recomendarlo una y mil veces: este libro me cambió la vida dándome las herramientas que necesitaba y desde entonces me convertí en Testigo de Clear. Escuché por ahí que hay gente que tilda el discurso de James Clear de meritócrata,

en relación a eso mi opinión es que etiquetar a la ligera una caja de herramientas tan valiosa como esta y en consecuencia descartarla es, como mucho, raspar la superficie (deporte olímpico en Twitter ⍰). Mi recomendación es que encaren este libro pensando en sus propias realidades, no las de toda la humanidad, y que se pregunten si los interpela a ustedes. Como todo en este mundo seguramente no aplique a cada situación existente, pero si andan con ganas de cambiar algo de ustedes mismos y creen que está en su poder hacerlo, entonces les recomiendo que le den una chance a este libro (se consigue en español como Hábitos Atómicos). ¡Después me cuentan qué les pareció!

Una pep talk: The Bliss Bean

De esta maravillosa jovencita (envejecí cuarenta años tipeando eso) también ya les hablé en otro envío, pues todo lo que sea self development me da felicidad, pero hoy les quiero recomendar puntualmente esta pep talk en inglés. Me parece super práctico y a la vez dulce y amable el enfoque

que propone siempre Beatrice para mejorar un poquito la forma en la que llevamos nuestra existencia, sea en relación a nuestros hábitos, nuestra productividad o simplemente nuestra forma de cuidar de nosotros mismos. La pep talk dura 1:43 minutos nada más y en ese tiempo logra transmitir un mensaje que me parece importantísimo si están buscando emprender algún cambio personal: keep it simple, but keep taking action (mantenelo simple, pero seguí accionando).

*"For last year's words
belong to last year's language
and next year's words
await another voice."*

T.S. Eliot

Este mes dejé la frase en inglés porque creo que en español le saca melodía, pero la traducción sería "porque las palabras del año pasado pertenecen al lenguaje del año pasado y las palabras del próximo año esperan otra voz". Si bien estamos entrando en abril me avisan por cucaracha que el año astrológico arrancó el 20 de marzo, así que crean o no en astrología ahí tienen una linda excusa para renovarse y encarar de otra forma lo que se viene. ¿Con qué voz queremos encarar el nuevo año?

Abril/Mayo 2021: storytelling

¡Hola del otro lado! ¿Cómo están? Yo estoy BIEN. Abril fue un mes sin redes sociales y la verdad, contrariamente a lo que pensaba, no las extrañé en absoluto. Armé un rompecabezas de mil piezas con mi novio, vi doce películas, hice velitas de soja con amigas, terminé dos libros, avancé en el workshop de video que estoy preparando para lanzar en mayo, estrené mi kit de cianotipia, hice el taller de dibujo experimental que dio Caro Guerra para La Baumhaus... Estuve mucho más productiva y tranquila, y disfruté mucho de estas vacaciones de redes. De todas formas, también descubrí que no tengo un problema con las redes sociales per se, las cuales me permiten promover mi trabajo, conectar con otros creativos, comunicar desde el fondo de mi corazón y contribuir con causas que me mueven, simplemente rechazo su parte tóxica. Creo que hay una manera de vivirlas sin ella, la cual empecé a entender recién a partir de este mes de distancia. Estuve armando una serie de reglas para relacionarme con las redes (llevar un calendario mensual con mi contenido y bloquear la posibilidad de que me respondan a historias, por ejemplo), todas medidas que en definitiva apuntan a lo mismo: reducir el ruido y la ansiedad. Veremos cómo va.

Ahora volviendo a este envío, este mes me contactó una artista para que la ayude a contar su historia a través de videos y empezó a resonar bastante en mi vida el tema del storytelling. ¿Vieron cuando algo aparece una vez y de repente empieza a saltar en todos lados? Como todo tiene que ver con todo me pareció una buena idea traer el tema al newsletter, ya que creo que el storytelling es algo super interesante para explorar. Todos contamos historias, cualquier persona que se comunica con otra persona, no sólo quienes trabajamos en creatividad. A través de las historias conocemos y nos damos a conocer, sensibilizamos y nos dejamos sensibilizar, llegamos a los demás mientras ampliamos nuestra perspectiva del mundo. Te pueden decir que anualmente 72 billones de animales de tierra y 1.2 trillones de animales acuáticos mueren para satisfacer la demanda de las personas omnívoras y ese número probablemente no te movilice mucho (estamos desensibilizados ante las estadísticas) pero te cuentan la historia de un cerdito bebé con nombre completo, te lo muestran jugar con su peluche igual que un perro, revolcarse en el pasto panza arriba para que su mamá adoptiva le haga mimos y hacer ruiditos adorables mientras duerme… Y se te achicharra un poco el corazón al pensarlo rebanado en la góndola de un supermercado, ¿no?

Ese es el gran poder de las historias: movilizan, inspiran, enseñan, clarifican, hacen que el mensaje llegue y pueden influenciar grandes cambios. Si detrás de nuestras creaciones hay una buena historia ya tenemos la mitad del camino recorrido, por eso en este envío les voy a compartir tres fuentes de inspiración y tres herramientas que espero puedan aportarle valor a las historias que ustedes decidan contarle a los demás. ¿Arrancamos?

Tres ejemplos de storytelling que me encantan y creo que pueden resultar inspiradores

Una película: The Happy Film

¿Conocen a Stefan Sagmeister? Es un diseñador de la hostia que te vuela la peluca con cada cosa que hace y tiene una capacidad para contar historias que es una locura. Hace unas semanas leyendo Esto También, el (genial) newsletter de Maxi Vittor, vi que hizo mención a Sagmeister y me pregunté en qué andaría la vida de ese gran diseñador cuyo hilo perdí hace un par de años. Entré a su web, me empecé a perder en sus últimas obras y me encontré con que hace un tiempito lanzó una película/documental basada en su propia búsqueda de la felicidad, la cual por supuesto corrí a ver. The Happy Film arranca como un proyecto de diseño gráfico y termina siendo una

Stefan

Esto también

película sobre Sagmeister en la búsqueda de una vida con significado: a lo largo del documental prueba tres cosas que se supone te dan felicidad (terapia, meditación y drogas) durante tres meses cada una, y así va sacando sus propias conclusiones. Visualmente es HERMOSA (no esperaba menos) pero también es fantástica en su storytelling: Stefan va encontrando el hilo de la historia mientras se desenvuelve y no es hasta el final de la grabación que final-

www.instagram.com/vittorlettering/

mente entiende de qué se trata esta película en la que pasó trabajando los últimos seis años de su vida. A veces las historias son así, caprichosas, y es solo dejándonos llevar por su hilo invisible que en algún momento terminamos entendiendo nuestras propias narrativas por completo, como si fuésemos simplemente un canal de algo más grande tratando de contar algo a través de nosotros. No les dejo el link para verla porque hay muchísimos y depende de en qué país se encuentren, pero una simple googleada de "The Happy Film Stefan Sagmeister" les va a dar varias opciones. ¡Un viaje super recontramil recomendado!

Una compañía: GoldieBlox ⟶ www.goldieblox.com/

GoldieBlox es una empresa que usa el poder del storytelling para hacer que las STEM (ciencia, tecnología, ingeniería y matemáticas) sean percibidas como algo atractivo y divertido también para las chicas. Generan contenido entretenido, juguetes copados y recursos interesantes para que niñas jóvenes se acerquen a estas ciencias, generándoles el interés que la sociedad nunca se ocupó por despertarles (aunque adoctrinarnos con publicidades ofreciéndonos la muñeca con cochecito, la cocinita y la mini tablita de planchar nunca fue un problema). Son juguetes para empoderar a la próxima generación de mujeres ingenieras, en definitiva, y son simplemente maravillosos. El nombre, GoldieBlox, es el de la cara de la compañía: una niña ingeniera ficticia, que es quien crea todos los juguetes y cuyas historias vamos conociendo a través de la narrativa de la empresa. Acá les dejo una publicidad que, aparte de ser adorable y muy divertida, refleja la historia que cuenta la compañía y acá les dejo

Publicidad

Charla

una charla de su fundadora (en inglés) contando un poco el detrás de escena. Creo que es un muy lindo ejemplo de cómo se pueden narrar historias significativas en cualquier formato.

Un disco: American Idiot

Green Day supo ser mi banda favorita: la mochila de la galeria Recamier con Nimrod grafitteado en liquid paper, las paredes de mi habitación todas escritas con Sharpie negro y fotos de Billie Joe, Tré Cool y Mike Dirnt alrededor, las veces que grité sus letras sintiendo que con ellas combatía de alguna forma las injusticias del mundo... El amor de una banda adolescente, básicamente. Pero más allá de mi romance de secundaria, a mis 31 años sigo creyendo que tienen grandes letras y una forma de contar historias que puede resultar muy poderosa. El álbum American Idiot es un gran ejemplo de esto: con cada canción van contando la historia de un personaje llamado Jesus of Suburbia (luego derivado en St. Jimmy), a través de quien Green Day hace una denuncia a los Estados Unidos de Bush, la guerra, los role models vacíos e imposibles y una juventud que, en consecuencia, se encuentra alienada y apática y necesita rebelarse. En este genial video de YouTube (en inglés con subtítulos en inglés) pueden conocer toda la historia detrás de American Idiot, narrada tema por tema.

Tres herramientas que pueden resultarles útiles para contar sus propias historias.

Un guión: Más Luz x Favor

Justo antes de mudarme a Alemania, Penguin Random House me contrató para idear la campaña digital de lanzamiento del nuevo libro de Connie Isla, Más luz x favor. La acción tuvo varias patas, entre ellas un booktrailer, que (entre nos) fue lo que más más más me entusiasmó de todo el proyecto. ¡Un booktrailer! ¡Contar la historia de una historia! ¡Matrioshka de amor! Hasta entonces mis videos venían siendo collages, grababa lo que me pintaba y después le encontraba un sentido al editar, pero para este video quise por primera vez tener un poco de estructura antes y asegurarme de contar bien la historia detrás del libro de Connie, para hacerle justicia. Así que le propuse a la autora que nos juntemos a almorzar para, con cuaderno y lápiz en mano, contarle mi idea para el video. Para explicarle mejor lo que tenía en mente armé una especie de guión precario en el que escena a escena le comentaba lo que me imaginaba que iría en el video. Y digo precario porque van a ver que las primeras escenas están bastante bien graficadas, pero después en un momento me cansé de buscar imágenes en internet y empecé a simplemente describirlas lo cual de todas formas fue más que suficiente para que Connie entendiera la idea y me dé su visto bueno.

www.instagram.com/coisla/

BOOKTRAILER - GUIÓN

PROJECT NAME: Más luz por favor, video trailer

SHOT: Plano medio
ACTION: Connie gira riéndose
CAMERA MOVEMENT: En mano
LOCATION/SCENE   Balcón Connie

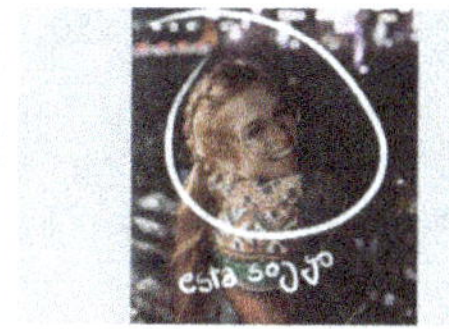

ACTION: Se congela la imagen y aparece texto
VOICE OVER: Esta soy yo

SHOT: Plano entero
ACTION: Timo sentado moviendo la cabeza
CAMERA MOVEMENT: En mano
LOCATION/SCENE   Cama Connie

ACTION: Se congela la imagen con él mirando a cámara y aparece texto escrito a mano en blanco.
VOICE OVER: Este es Timo

SHOT: Cenital
ACTION: Toma del libro unos segundos
VOICE OVER: Y este es mi nuevo libro, Más luz x favor
CAMERA MOVEMENT: Fija

ACTION: Las manos de connie agarran el libro y lo sacan de escena arrastrándolo hacia abajo
VOICE OVER: En él te voy a contar sobre...

ACTION: Pone sobre la mesa foto tipo polaroid de cuando era chica
VOICE OVER: Mi infancia y adolescencia

ACTION: pone dibujo a mano de guitarra con notas musicales
VOICE OVER: cómo descubrí que mi sueño era llegar a todo el mundo con mi música

ACTION: pone una postal de hollywood y tira estrellitas metalizadas
VOICE OVER: Cómo ese deseo se transformó de repente en querer triunfar en hollywood y hacer giras con cientos de bailarines en escena, brillos y fuegos artificiales

ACTION: COMPLETAR
VOICE OVER: y cómo a partir de ese sueño y muchos aprendizajes descubrí que en realidad no quería eso, y que cuando se cierra una puerta, se abre un universo entero.

ACTION: Va colocando carteles con las palabras veganismo, feminismo, sustentabilidad, autogestión
VOICE OVER: así fue como en este universo encontre distintas causas y luchas que me despertaron y movilizaron

ACTION: Sigue colocando los carteles
VOICE OVER: que de a poco fui combinando con mi musica y mis mensajes

ACTION: Connie sosteniendo un cartel que dice 10X10

VOICE OVER: Además en el libro comparto con vos algo que llamé "10x10", en donde vas a encontrar

ACTION: sartén con tofu friéndose

las escenas del 10x10 duran 1 o 2 segundos y tienen todas un sonido característico(por ej, en esta se escucha el tofu crujiendo)

VOICE OVER: 10 recetas veganas saladas

ACTION: Boca mordiendo una cookie

VOICE OVER: 10 recetas veganas dulces

ACTION: manos escurriendo leche vegetal

VOICE OVER: 10 recetas veganas básicas

ACTION: VHS entrando en un reproductor (en la etiqueta se lee THE TRUE COST)

VOICE OVER: 10 documentales

ACTION: Frasco de vidrio y mano mezclando el líquido con un sorbete de metal

VOICE OVER: 10 tips sustentables

ACTION: Fósforo encendiendo un incienso

VOICE OVER: 10 desafíos personales

ACTION: claqueta cerrándose

VOICE OVER: 10 películas

ACTION: disco girando en tocadiscos

VOICE OVER: 10 canciones

ACTION: mano pasando hojas de un libro grande

VOICE OVER: 10 citas

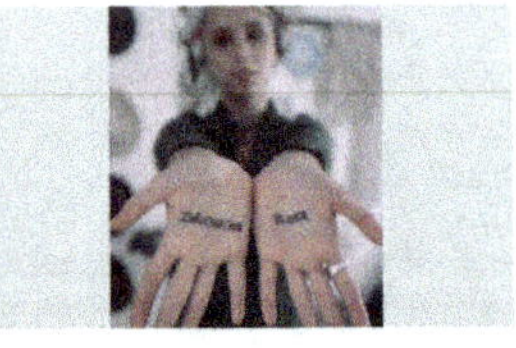

ACTION: monitor donde en pantalla se ve la frase "desea inscribirse en el voluntariado?"

VOICE OVER: y 10 ONGs con las que podés colaborar

SHOT: Plano medio, el foco pasa de las manos a Connie

ACTION: Muestra las palmas escritas.

VOICE OVER: Tenés el poder de cambiar el mundo.

ACTION: Baja las manos, agarra su libro y lo muestra mientras sonriendo dice: "¿Empezamos?"

El guión que les comparto es exactamente el que vio Connie y que después aprobó Penguin. Hacer esto fue clave porque al darme el tiempo de armar la historia y luego exponer con claridad mis ideas Connie entendió perfecto el concepto y aportó las de ella (la mini red carpet, por ejemplo, fue una idea agregada suya que amé) y el resultado es uno de mis laburos favoritos hasta el momento. Me interesa compartírselos como ejemplo de que para contar una historia a veces solo falta tener ganas y sentarse a armarla y que, aunque no sepas nada de guión, un pseudo-guión precario te puede ayudar un montonazo a bajar lo que tenés en la cabeza y compartírselo a otra persona. Con este proyecto aprendí también que no siempre tengo que estar yo detrás de absolutamente todas las tareas de un video, y como este en particular requería bastante dirección y producción (tuve que conseguir desde una videocasetera funcionando hasta una claqueta de cine pasando por un montón de cosas como estrellitas de papel y la famosa mini red carpet, que terminé armando con tela, plástico y pegamento prácticamente mientras armaba la valija para mudarme a Berlín) decidí contratar a mi amigo Axel Millar para que esté detrás de cámara, y fue la mejor decisión que podría haber tomado. ¿Podés hacerlo todo vos? Probablemente sí. ¿Es la mejor idea? Recontra probablemente no.

Un artículo sobre la química del storytelling

La oxitocina es una hormona responsable, entre otras cosas, de promover sentimientos de amor, unión y bienestar en nuestros cuerpos, y esto nos hace sentir que "es seguro acercarnos a los demás". Está comprobado que el storytelling causa síntesis de oxitocina, lo cual hace que nos compe-

netremos con las historias que estamos escuchando y que, llega-
do el momento, deseemos involucrarnos con ellas después (como
puede ser el caso de una ONG buscando donaciones, por ejemplo).
Paul J. Zak, investigador, profesor y CEO de Immersion Neuros-
cience, compartió para la Harvard Business Review algunos de
los hallazgos de sus investigaciones en torno a por qué nuestros
cerebros aman tanto las historias. Además de revelar la importancia del storytelling para generar empatía con nuestra audiencia,
comenta que para lograr esto la historia primero tiene que atraer
nuestra atención, un recurso cada vez más limitado en nuestros
cerebros, desarrollando cierta tensión en la narrativa. Por eso re-
comienda que tanto al vender tu producto/servicio como al hacer
una presentación en una conferencia, por ejemplo, es clave que
comiences a hablar con una historia atractiva y a escala humana (o
sea, una historia personal) antes de pasar a tirar datos específicos
y enormes. Si quieren leer un poco más en profundidad el artículo,
pueden hacerlo acá (en inglés).

Un libro: Do/Story

Estoy leyendo un libro sobre storytelling (¡gracias Niki una vez más por la recomendación!) que
se llama Do/Story: How to tell your story so the
world listens, escrito por Bobette Buster. En él, la
autora (consultora de estudios como Pixar, Dis-
ney y Sony Animation) brinda un montón de he-

rramientas para aprender a construir una buena historia, así como
también principios, tips prácticos y ejercicios para descubrir cómo
contar tu historia de una manera efectiva y atractiva. Si andan buscando elevar su storytelling game, quizás sea por acá.

*"A veces la realidad es demasiado compleja.
Las historias le dan forma"*

Jean-Luc Godard

Una vez me preguntaron cuál era mi pasión y, como no tenía ni la menor idea, me hicieron la subpregunta de "¿qué cosas harías aunque no te dieran plata?". Respondí que seguiría grabando y editando videos, sacando fotos y escribiendo, y así pude autocontestarme la primera pregunta: mi pasión es contar historias. Me arden adentro y siento que piden salir, sea a través de un texto, una foto, un video, este newsletter... No sé explicarlo mejor que eso. ¿Ustedes también sienten esa necesidad? En ese caso, espero que este envío los haya inspirado a animarse a contar alguna historia linda, o quizás una no tan linda pero que necesite ser expresada para sanar. Todos tenemos algo para decir, a veces solo hace falta encontrarle la forma al relato y dejarlo volar.

¡Hola del otro lado! ¿Cómo están? Yo estoy bien, muy bien la verdad. Al fin empezaron a abrir algunas cositas por Berlín (museos, restaurantes y bares al aire libre, principalmente) y los casos de COVID están bajando bastante. Finalmente, después de meses de bajón y encierro, se empieza a ver la luz al final del túnel. La ciudad empieza a revivir, se vuelven a ver personas sentadas en mesitas sobre la vereda disfrutando una rica comida o un café mientras el sol les pega en la cara, resurgen lentamente las ofertas culturales, hasta las plantas explotaron de golpe con la llegada de la pri-

…y no imaginarás lo que pasó después!

mavera, invadiendo de verde la ciudad. Y se siente en el cuerpo, realmente, yo siento un poquito como si de a poco me estuvieran devolviendo la vida. Sé que en otras partes del mundo ahora están empezando el lockdown, al revés que nosotros, y para aquellos de ustedes en esa situación: los entiendo y los abrazo. Al menos esta vez creo que es más esperanzador que antes, existiendo ya vacunas para frenar el virus, y lo que resta ahora es aguantar y esperar... que suena simple, pero ¡La puta que es difícil! Hace unos días tuve un pequeño episodio de ansiedad por una situación que me generaba mucha incertidumbre, esa fue la única razón: no saber cuándo iba a llegar la resolución al acontecimiento me desencajó. Noté que es algo que me suele pasar eso, está todo bárbaro mientras tenga fechas, respuestas y esquemas, pero en cuanto aparece una incertidumbre indefinida me flipa el cerebro; así que los entiendo, no es fácil esperar... pero se puede. En mi caso decidí pedirle un turnito de vuelta a mi psicóloga para charlar sobre eso y que me de herramientas para enfrentar la incertidumbre con un poco más de estabilidad emocional. Si a ustedes esto también los desestabiliza como a mí, sobre todo en estos momentos en los que la incertidumbre parece reinar la cotidianidad, que este párrafo les sirva de recordatorio: está bien pedir ayuda. No podemos solucionarlo todo solos ni tampoco nadie está esperando que lo hagamos.

Ahora yendo a esta entrega del newsletter, les cuento que ya son 5.300 personas las que reciben mis correos mes a mes. O sea que si todos los suscriptores de este news quisieran hacer una fiesta en el Club Villa Mitre de Bahía Blanca... ¡¡NO ENTRARÍAN!! 300 personas se quedarían afuera y tendría que pedirle a mis abuelos (que viven en Villa Mitre) que vayan a darles algunos vasitos de limonada, al menos, para que no haya sido totalmente en vano el viaje a Bahía.

Este mes decidí escribir sobre escuchar porque creo que es algo que damos por sentado y hacemos en automático, pero a lo que si le prestamos un cachito más de atención nos puede ayudar un montón no solo creativamente sino también para vivir una vida más linda. Iba a titular el envío "aprender a escuchar", pero como escuchar es algo que la gran mayoría ya sabe hacer, pensé que re-aprender a hacerlo era un enfoque más atinado. Yo estoy tratando de reaprenderlo por mi parte y estoy encontrando cositas lindas en el camino, así que este mes les voy a compartir tres fuentes de inspiración y tres herramientas para ejercitar la escucha activa. ¿Arrancamos?

Una YouTuber que vive en la montaña

En mi pared tengo un post-it con las cosas que está comprobado que me bajan la ansiedad y me devuelven a mi eje. Entre esas cosas se encuentra el canal de Isabel Paige, una chica que vive sola en una tiny house en la montaña. Su canal fue una recomendación de Cande en La Baumhaus y desde entonces quedé flechada con todos sus videos, que me sedan y me dejan en un estado de tranquilidad que no sé describir. Quizás sea porque cada uno de sus relatos me obliga a frenar un poco el ruido mental y brindarme a un otro, simplemente dejarme llevar por lo que veo y escucho. Este video en especial me encantó porque es básicamente ASRM sin el cringe que me generan las personas que le suspiran al micrófono (perdón). Veintitrés minutos escuchando el silencio de la naturaleza y los sonidos de una vida que es, simplemente, lenta y hermosa. Espero que lo disfruten tanto como yo.

Un corto a partir de un cassette viejo

¿Conocen Ni una sola palabra de amor? Hace 9 años, cuando se viralizó este corto, me hice fan. Todo, desde la idea hasta la implementación, simple pero perfecta, me enloquecía. Su director es El Niño Rodriguez y lo que logró me parece un

ejemplo maravilloso de lo que pasa cuando le das rienda suelta a la curiosidad, te ponés a escuchar a tu entorno y dejás que la magia suceda a través tuyo. Esta es una historia real encontrada en un contestador telefónico del mercado de pulgas: la historia de María Teresa, una mujer que espera que le digan, tal vez, una sola palabra de amor. 🧡 🧡

Un ensayo sonoro sobre el silencio

(De eso no se habla) es un podcast de no ficción narrativa que une los puntos entre los silencios individuales y los colectivos. En este episodio Isabel Cadenas Cañón, la narradora, cuenta que hay una leyenda que dice que hay un momento del día en que todo el mundo se queda en silencio al mismo tiempo. De chica se la pasaba en silencio tratando de encontrar ese momento y, pese a que nunca lo logró, al empezar la cuarentena retomó su hábito de la escucha con una grabadora, registrando lo que pasaba en la calle desde entonces. Con esos sonidos construye un ensayo sonoro sobre por qué escuchamos lo que escuchamos, 13 minutos que te transportan por completo a la callecita de Madrid situada debajo de su balcón mientras reflexionas y, sobre todo, escuchás. Yo lo hice con los ojos cerrados y cuando los abrí estaban llenos de lágrimas. Con eso les digo todo.

HERRAMIENTAS

Tres herramientas para quienes tengan ganas de seguir ejercitando una forma de escucha más presente.

Un nuevo libro de Julia Cameron

Julia Cameron, la autora del ya famosísimo Camino del Artista, sacó un nuevo libro/curso en enero de este año. Se llama The listening path y es un camino de seis semanas orientado a aprender (o reaprender) a escuchar y así incentivar nuestra creatividad. Se enfoca en tres tipos de escucha: hacia tu entorno, hacia los demás y hacia vos mismo. Yo lo estoy haciendo en este momento, despacito y sin apuro, y me está resultando muy lindo.

Un artículo sobre escucha activa

En este artículo de positivepsychology.com (en inglés) hacen referencia a una verdad que para mí está muy relacionada con el uso de las redes sociales (tema que tiende a estar muy presente en este newsletter): "Con el broadcasting personal reemplazando el arte de la conversación, y el silencio convirtiéndose en un recurso escaso, nos olvidamos de cómo escuchar". Es importante que nos

reenfoquemos y practiquemos la escucha activa, no solo porque le debemos nuestra atención a los demás cuando hablamos con ellos, sino también porque una buena conversación puede hacernos sentir bien y ayudarnos a darle sentido a nuestra propia existencia. Si ustedes, como yo, también piensan que podrían mejorar sus capacidades de escucha, les recomiendo este artículo para reflexionar un poquito más en profundidad al respecto.

Un ejercicio con los cinco sentidos

Estoy muy en la de las herramientas para la ansiedad en esta entrega, ¿no? ¡Es que creo que nunca están de más! Este ejercicio me lo enseñó mi amiga Cande y básicamente consiste en, estés donde estés, intentar concentrarte en 3 cosas que puedas ver, 3 que puedas escuchar, 3 que puedas oler, 3 que puedas tocar y 3 gustos que puedas percibir. Podés hacerlo mientras esperás el bondi, mientras se hace la comida, cuando salís a hacer las compras... Es sencillo, versátil y muy efectivo para frenar la ruedita del hámster mental y concentrarte con todos tus sentidos en percibir el momento presente, escuchándolo con cada fibra de tu ser.

*"Cuando hablás, solo estás repitiendo lo que ya sabés.
Si escuchás, podés aprender algo nuevo."*

Dalai Lama

Qué cliché quotear al Dalai Lama... Pero qué real también lo que dice, ¿no? Si queremos aprender no podemos escuchar solamente lo que proviene de nosotros: necesitamos abrirnos al mundo y dejarnos llevar por todo lo que tiene para ofrecernos.

¡Hola del otro lado! ¿Cómo están? Yo bien, disfrutando del verano en Berlín (sobre todo después de tantos meses de encierro). Me propuse ir a un museo por semana, además de cortar temprano con el laburo los viernes, y eso (sumado a que el sol se pone a las 21 y monedas) hace que mi perspectiva de la vida sea mucho más alegre que lo que era en invierno. Los fines de semana voy a algún lago o a andar en bici, hacemos brindis de Riesling con amigos y todo se siente... bien, la verdad, se siente muy bien. Desde que vivo acá le encontré otro gustito al verano porque es más fácil disfrutar de esta temporada TERRIBLE cuando las altas temperaturas duran pocas semanas y tenés naturaleza fresca a 15 minutos en bici (para todos los team invierno que estaban haciendo una sonrisita

una variedad de vino blanco que se toma mucho de este lado del charco y que tiene sabor a verano

de victoria: bórrenla, sigo siendo una niña del invierno y ustedes no han ganado nada *sonríe mientras mira hacia el horizonte con la mirada perdida pensando en nieve*).

El mes pasado estuve paseando un montón, como les contaba, pero estuve laburando aún más. Empecé a trabajar como colaboradora freelance permanente en un estudio de custom typography acá en Berlín y eso me tiene feliz. Trabajo una determinada cantidad mensual de horas, lo cual me obliga a organizarme aún más para compartimentar mis otros trabajos y proyectos en el tiempo restante, y así descubrí que... ¡Siempre hay tiempo! Cuando te ves obligada a optimizar casi siempre hay lugar para hacerlo, al menos eso me vengo demostrando desde que tuve que acomodar mi supuesta inamovible rutina. Seguro algún día no pueda optimizar más y ahí necesite revisar mis procesos y/o delegar, como bien comentó Sofi Contreras en alguno de sus Cortito y al Pie, pero por el momento vengo bien. Empezar a colaborar con este estudio también me devolvió el sentimiento de pertenecer a un team fijo en persona, porque si bien suelo hacer equipo con otros freelancers, suele ser en remoto y/o por algún proyecto puntual con principio y fin. Ahora pertenezco a un equipo, participo de una team meeting en persona todas las semanas, siento que alcancé un lindo balance entre trabajar sola en casa y afuera con otra gente y eso, la verdad, me tiene el corazón contento (*el corazón contento lleno de alegría*).

Este mes que pasó también estuve trabajando mucho con mi amiga Lau y le terminamos de dar forma a un servicio nuevo que vamos a empezar a ofrecer de este lado del charco. Les cuento un poquito más sobre este proyecto más adelante en el news, pero básicamente tuve un mes de trabajo intenso y fructífero en equipo así que pensé... ¿Por qué no escribir sobre eso? Además, julio es el mes del amigo, por lo cual mi obsesiva atención al detalle conceptual está bastante en paz con cómo cuadra toda la propuesta.

En mayo de 2020, cuando este news había arrancado hacía poquitos meses, escribí sobre el concepto y la colaboración, pero creo que la propuesta de hoy es diferente: lo que vamos a hacer en este envío es ahondar exclusivamente en el trabajo en equipo, porque ser freelancer no es ser un lobo solitario. Por el contrario, creo que si querés prosperar en lo que hacés, necesitás abrirte a otras personas, generar redes artísticas y creativas y colaborar con los demás. Cuando empecé a trabajar de manera independiente creía erróneamente que tenía que saber hacerlo todo yo, y fue dándome la cabeza contra la pared un par de veces que me di cuenta de que estaba entregando laburos muy por debajo del nivel que podía ofrecer si me enfocaba más en las cosas en las que sí tenía verdadera idea y me apoyaba en otras personas para lo demás. Hoy, por ejemplo, sigo armando calendario de contenido para 4 cuentas de Penguin Random House Argentina, pero para lograrlo armé equipo fijo con una fotógrafa y una community manager y, según el proyecto, sumo un animador o alguien que me ayude detrás de cámara en proyectos de video. Si yo tratara de hacer todo eso sola viviría prendida fuego y entregaría laburos pésimos, lo cual sería una pérdida de tiempo, foco, calidad y salud mental. Hacer equipo es esencial.

En este newsletter les quiero compartir tres fuentes de inspiración y tres herramientas que pueden resultarles útiles e inspiradoras para quienes quieran trabajar un poco más en sus people skills a nivel laboral. ¿Arrancamos?

Tres ejemplos de trabajo en equipo que pueden encender alguna llamita de inspiración:

Los gansos

Sí, leyeron bien. No, no es una peli ni un libro... ¡Son gansos! Cada invierno bandadas de gansos emigran juntos hacia climas más cálidos (y mientras lo hacen se van alentando los unos a los otros mediante graznidos). Seguro los vieron mil veces volando juntos en una formación similar a una V, lo que quizás no sepan es que vuelan así porque de esa manera los líderes al frente de la bandada reducen la resistencia de aire para los que están detrás suyo, lo cual hace que volar juntos sea más efectivo para todos que hacerlo individualmente. Y si uno de los líderes se siente mal o no puede seguir, otro de atrás cambia de lugar con él para darle un recreo (🧡). Todos los miembros de la bandada colaboran en pos de un objetivo común y porfa léanse esto: si un ganso se lastima o se enferma, dos gansos salen con él de la formación para acompañarlo hasta que esté listo para volar de nuevo. O SEA, BUENO. Básicamente tenemos de todo para aprender de estos bebitos (/modoactivistaveganaon y de todo el reino animal, ya que estamos, así que porfi sáquenlos de sus platos /modoactivistaveganaoff).

Honorio Bustos Domecq

¿Saben quién es el señor Bustos Domecq? Yo no tenía idea, lo conocí teniendo una conversación sobre trabajo en equipo con Lau.

Honorio es un escritor argentino de relatos detectivescos que, en realidad, es dos escritores: Jorge Luis Borges y Adolfo Bioy Casares. Ambos autores trabajaron juntos para dar vida a este escritor que ya tiene publicados varios libros, entre ellos *Un modelo para la muerte* (1946), *Crónicas de Bustos Domecq* (1967) y *Nuevos cuentos de Bustos Domecq* (1977). Siempre me pregunté cómo hacen los escritores cuando escriben de a dos (¿se juntan a escribir al mismo tiempo? ¿escribe uno y después otro edita?) pero la idea de inventar un personaje con nombre y apellido para lograr esta fusión me parece una re linda manera de hacerlo.

Auntie Pantsy

La primera vez que hicimos equipo con Lau fue cuando trabajamos juntas la identidad de La Baumhaus. Desde ese momento descubrimos que hacemos una sinergia muy copada, que tenemos ritmos y valores similares y que lo que yo no tengo lo tiene ella (y viceversa), así que venimos desde entonces diciendo "algún día tenemos que armar algo juntas". Finalmente, este mes, lo hicimos. Vamos a ofrecer un servicio en Europa que combine dos de nues-

tras mejores habilidades: videos cortos, sensibles y estéticos de mi lado + ilustraciones preciosas hechas a mano del suyo. ¡Y así nació Auntie Pantsy! Sí, como Borges y Bioy Casares (salvando las distancias) nosotras también quisimos crear una persona nueva que fuera una fusión de las dos. Fue muy divertido todo el proceso de ver nacer a la tía Pantsy, darle forma a su identidad, delinear bien el servicio, idear, guionar, grabar y editar el video promocional... Y quedamos muy felices con el resultado. Acaba de salir a la luz el proyecto y para mí es un lindo ejemplo de trabajo en equipo y de encontrar complemento creativo en otra persona. ¡Les dejo el trailer de Auntie Pantsy por si quieren chusmearlo!

La Baumhaus

Trailer Auntie Pantsy

✗ Este proyecto no prosperó. Le pusimos mucho amor, pero creo que las dos teníamos paralelamente muchas cosas y no pudimos dedicarle el tiempo de promoción que merecía. De todas formas, adoro lo que armamos y me pareció muy divertido y enriquecedor encarar este proceso con mi amiga. No todos los proyectos son un éxito y eso está bien :)

HERRAMIENTAS

Tres herramientas para armar equipos creativos que rajen la tierra

Una palabra: Teamlancing

Desde que arranqué **#elwortschatz** ando particularmente enamorada de buscar palabras exactas que describan cosas específicas, y en esa búsqueda me encontré con un concepto que me encantó: Teamlancing. La palabra aparentemente la inventó una empresa que se llama Clearvoice y se refiere a la práctica de colaborar con un equipo interconectado de freelancers buscando alcanzar un objetivo común, o sea que cada freelancer provee una serie de skills únicos que contribuyen al resultado final. ¿No es lindo tener una palabra para eso que hacemos cuando armamos equipo con otros trabajadores freelo? Freelancing me queda corto cuando hay un grupo sinérgico de personas aportando valor, así que ahora tengo (¡tenemos!) una palabra para describirlo con mayor exactitud. 🧡

Un ejercicio para hacer feedbacks constructivos

Al hacer teamlancing (ay ella se copó con la palabra ahora y la usa en todo), sobre todo al ser vos quien forma el equipo y, por lo tanto, quien da la cara con el cliente, tenés que prestarle mucha atención a la manera en la que das feedback a los demás freelancers de tu team. Para que la máquina que crearon funcione sin problemas todos los engranajes tienen que estar conformes, y gran parte de eso implica que no se generen fricciones innecesarias por malas formas de decir las cosas. Cuando recibo algo de un/a compañero/a y necesito pedirle cambios, o siento que lo que me pasó no está al nivel que espera el cliente (o que espero yo, digamos todo) realizo un ejercicio que probó funcionar en muchas ocasiones: escribo la respuesta como sale, en caliente, anotando todo lo que no me gusta, y después la dejo en borrador. Vuelvo horas después, quizás al otro día, y edito sobre ese mail. Primero reviso si todo lo que puse es real o si estaba teñido de otras cosas (en ese caso borro lo que no va) y después busco la manera de que el mail se lea constructivo y nunca agresivo, planteando preguntas al estilo "¿Qué te parece a vos esto que te propongo?" "¿Vos cómo lo ves?" y, también, hago concesiones: "Vos sos el/la experto/a, si no estás de acuerdo con este punto lo podemos dejar así, confío en tu criterio". Ser sincera y hablar siempre con respeto y con empatía, a la vez que estar abierta a cambiar de opinión (no siempre tenemos razón) demuestra una y otra vez ser la forma más constructiva de trabajar con otras personas y, por lo tanto, de conseguir los mejores resultados.

Una lista de freelancers con los que colaborar

Como probablemente ya dije un millón de veces, en la comunidad de La Baumhaus hay un montón de gente creativa con ganas de hacer cosas copadas, colaborar y potenciarse con los demás. A través de Discord armamos un directorio con algunos miembros de La Baumhaus que quisieron compartir sus profesiones y portfolios, y creo que puede ser un recurso muy valioso si están buscando

hacer equipo con algún otro trabajador independiente pero no conocen a nadie que cumpla los requisitos. Si llegan a hacer sinergia con alguien del directorio porfi háganmelo saber, que me haría muy feliz saber que este news incentivó un match creativo. ✦

*"El talento gana juegos,
pero la inteligencia y el trabajo en equipo
ganan campeonatos"*

Michael Jordan

Como hija única que soy, siempre me jacté de disfrutar de hacer las cosas sola. De grande empecé a descubrir que, si bien hacer las cosas sola está bueno, puedo potenciarlas muchísimo más si me apoyo en otras personas. Desde que empecé a armar equipo con otros freelancers para trabajar noto que el resultado de mis entregas es infinitamente superior, y no solo eso: también me siento acompañada y sostenida por una red de seres humanos con intereses y valores similares a los míos. Por eso para mí no se trata de hacer equipo con cualquiera, para nada, sino de ir encontrando esos profesionales con los que te sentís en complemento para armar equipos superadores. En este mundo tan globalizado e hiperconectado, no aprovechar el acceso infinito a talento y conocimiento ajeno sería un desperdicio. ¡Ojalá este newsletter los haya inspirado a armar equipo y apoyarse en otras personas para avanzar en sus proyectos tanto personales como profesionales!

Agosto 2021: reinventarse

¡Hola del otro lado! ¿Cómo están? Yo contenta porque este mes La Baumhaus cumplió un añito de existencia (aprovecho para com-

partirles esta nota super linda que me hicieron para la revista OHLALÁ hace unos meses en la que conversamos un poco sobre la comunidad de La Baum). Pienso en mi vida en el momento en el que nació esa idea y es muy distinta a lo que es hoy, un año después: habíamos conseguido nuestro departamento en Berlín hacía 4 meses y la pandemia se había desatado por estos lares hacía 4 meses también. ¡Se imaginarán lo que era eso! Nos dieron las llaves del departamento y tuvimos literalmente 15 días para encargar los muebles básicos (cama, mesa y sillas) para que llegaran antes de que empiece a cerrar todo. Y de repente la cuarentena, la incertidumbre, una casa nueva a la que nos sumergíamos de pies a cabeza porque de golpe, aparte de casa, era nuestra oficina, nuestro gimnasio, nuestro cine, nuestro todo. Ya les habré comentado en otras ocasiones que soy una persona bastante estructurada, por lo cual probablemente se harán una idea de lo planeado que tenía yo mi aterrizaje en Alemania: tantos días para buscar casa, tantos para amueblarla, otros tantos para encontrar un cowork y empezar el networking que tanto bien le había hecho a mi carrera en Argentina para conseguir clientes freelance, partners y oportunidades laborales. De golpe porrazo mi estructura se encontró con un gran PUES NO, MI CIELA, y me vi obligada a recalcular: ¿Qué voy a hacer? ¿De qué voy a trabajar? ¿Cómo voy a generar ingresos en euros si no puedo salir de mi casa? ¿Cómo voy a conectar con los demás? Lloré un montón. Tuve pánico, muchísimo. Y un día mi orden decidió soltar los planos que traía bajo el brazo y me dijo: ¿Sabés qué? Este camino que queríamos recorrer no existe más. Podemos quedarnos acá llorando o inventar uno nuevo.

Así, como respuesta a mis preguntas, llegó La Baumhaus cambiándolo todo. Llegó acompañado de una reinvención que había arrancado en marzo con mi mudanza a Berlín, con mi rebranding, con mi newsletter, coronando todo ese proceso, y fue un salvavidas para mí en todo sentido. Me dio un propósito, me conectó con otras personas creativas alrededor del mundo, me generó un nuevo ingreso. Y hoy, leyendo todos los mensajitos que dejó cada miembro de La Baumhaus por el cumple, sé que le sumó valor a la vida de muchas otras personas también. Animarme a reinventarme, a aceptar la realidad que me era puesta en frente y decidir adaptarme y modificarla con lo que tenía disponible fue, es y seguirá siendo uno de mis superpoderes favoritos, ese instinto de supervivencia que te incita a moverte, porque sabés que si te quedás quieto perdés. Y me pareció lindo que reflexionemos un poco acá sobre este tema tan importante y tan coyuntural ahora que no hay estructura que resista, porque los planes cambian de opinión a cada segundo y no queda otra que reinventarse constantemente. Además, creo que la vida es un ongoing project que necesita revisarse y actualizarse siempre, porque lo que nos resultaba ayer puede no resultarnos hoy y si nos casamos con una forma estática de nosotros mismos corremos el riesgo de estancarnos y perdernos de la vida hermosa que nos espera afuera de nuestra estructura. Espero que resuene esta temática y que alguna de las herramientas y fuentes de inspiración que les voy a compartir hoy encienda la llamita creativa para mutar lo que necesite ser metamorfoseado. Como nota de color, con el newsletter ya prácticamente cerrado me enteré de que el día que sale a sus casillas, 1 de agosto, es también el día de la Pachamama o la Madre Tierra, reina y señora del nacer y renacer y renacer y renacer. ¿Señales? Señales. Arranquemos esa reinvención, entonces.

Tres fuentes de inspiración para apreciar que el cambio es bueno:

Un ícono: Ziggy Stardust

The Rise and Fall of Ziggy Stardust and the Spiders from Mars es probablemente el disco más importante de la carrera de David Bowie, y con su nacimiento surgió una de las creaciones más icónicas de la historia de la música: Ziggy Stardust, un extraterrestre que se hace famoso como estrella de rock en el planeta Tierra justo cuando le quedan 5 años de existencia (esto último duele un poquito más personalmente en el 2021, no?). Ziggy es un ejemplo espectacular de la metamorfosis de David Bowie, que desde el comienzo de su carrera se reinventó más veces que nadie, y eso se ve super reflejado en este documental de la BBC en el que hacen un recorrido por sus reinvenciones, haciendo especial foco en Ziggy. Resulta inspirador ver cómo nunca se queda quieto y siempre está mutando su exterior para que refleje quién es él por dentro en ese

momento. Este docu lo vimos y debatimos en los inicios de La Baumhaus, así que si sos parte de la comunidad y al terminarlo te quedás manija de debate, en Patreon encontrás el podcast con la charla que tuvimos al respecto en ese entonces.

Una charla TED

How changing your story can change your life es una charla TED de Lori Gottlieb, psicoterapeuta, autora y podcaster. En esta charla, Lori habla sobre cómo el poder de cambiar nuestras propias narrativas personales es nuestro y de nadie más, y a mí me resul-

tó muy inspiradora. "La próxima vez que estés luchando con algo, acordate de que todos nos vamos a morir. Después sacá tus herramientas de edición, preguntate 'cómo quiero que sea mi historia?' y andá a escribir tu obra maestra" La pueden ver acá.

Mi proceso de rebranding

Desempeñándome en un rubro creativo, me parece importante que mi marca personal no sea estática, sino por el contrario dinámica y auténtica y que siempre esté reflejando la persona que soy en ese momento. Creo que hay tres razones principales para esto: primero ser honesta con quien está del otro lado, segundo expresarme creativamente a través de mi imagen y, tercero, atraer clientes que estén alineados con lo que resuene conmigo en ese momento. Como les conté en la intro, en 2020 me sumergí en un viaje introspectivo del que emergí con una nueva identidad, sobre la que les cuento todo en este post de Medium. Ya compartí esto en la edición de branding personal, pero me parece que está bueno volver a ponerlo sobre la mesa en el marco de la reinvención como ejemplo de cómo nuestras propias identidades profesionales pueden (y deben!) mutar con nosotros para reflejarnos con fidelidad.

a.k.a. metamorfosis

En el envío de septiembre 2020 de mi newsletter mensual de creatividad escribí sobre branding personal, para mí uno de los procesos profesionales más terapéuticos y lindos que hay. En consecuencia se me ocurrió aportarle perspectiva a esa idea a través de mi propia experiencia contando cómo transité yo mi proceso de rebranding, el cual culminó en un logo, elementos gráficos y una paleta de colores pero que trajo consigo (o que fue consecuencia de, mejor dicho) una batería de cambios monumentales que van mucho más allá de lo visual.

Desde la secundaria y hasta hace muy poquito todo el mundo, incluso en ambientes profesionales, me decía Lali. En redes sociales era @bonominilali, mi blog era lalicuadora y profesionalmente me identificaba como "lila"(¡Lali estaba por todas partes!), lo cual se veía así (la visual de este branding la laburé con Mark Rechax): https://markrechax.myportfolio.com/

En esa época estaba 100% enfocada en trabajo para clientes, específicamente contenido para redes sociales (foto, videos

identidad visual previa

logo paleta de colores elementos gráficos

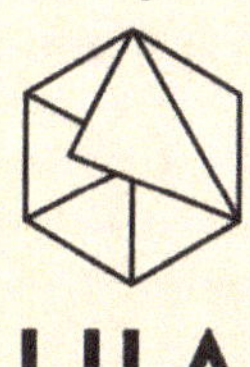

y redacción). Mi slogan era "storyhunter" porque le quise dar una vueltita de tuerca al storyteller: no solamente cuento historias, las encuentro primero. Fue la época en la que surgió Minas a la Obra y Not All Influencers, entre otros proyectos personales, por lo cual encontrar esas historias dignas de contar y hacerlo con simpleza, amor y sensibilidad era mi objetivo principal a nivel profesional. En ese momento el naming ("lila" significa "el juego sagrado" y "plegarse y desplegarse del cosmos" en sánscrito), el logo, el slogan, la paleta de colores y los elementos, todo buscaba reflejar a quien era yo, a Lali, tanto personal como profesionalmente. Y cumplía. De repente se acercaban mis 30, el 90% de mis pertenencias ya no eran mías, había empacado mi vida entera en una valija y un carry on y tenía un pasaje de avión para mí, otro para mi novio y dos para mis

Minas a la obra

Not All Influencers

gatos, todos con destino final Berlín, Alemania. Tras llorar un montón abrazando a mis amigas en Ezeiza y mientras sentía cómo el avión se alejaba de Argentina percibía a Lali quedándose allá, en mi país de nacimiento pero ya no de residencia, en mi adolescencia y en mis veinte, en relaciones que habían decantado, en el pelo largo hasta la cintura, en los laburos de redes sociales... Lali (y Lila, en consecuencia) no estaba viajando conmigo y esa noción se terminó de asentar apenas llegué a Berlín. El nombre que eligieron mis viejos para mí hace 30 años, el nombre que tanto me molestaba porque sonaba "muy fuerte" de repente me parecía poderoso y acertado. Carla. Soy Carla. Soy Carla, estoy por cumplir 30 años y vivo en Alemania. Y me encanta cómo suena eso.

Llegamos, nos acomodamos más o menos en el airbnb y mientras tratábamos de calmar a los gatos post viaje y buscábamos departamento con contrato fijo en una ciudad en la cual parecía imposible encontrarlo, decidí arrancar un proceso de rebranding. Era un manojo de ansiedad por un montón de motivos obvios y probablemente no era el momento más estratégico para embarcarme en esta aventura pero la realidad es que me URGÍA ver externalizado eso que estaba sintiendo adentro, ese cambio de piel consecuencia del proceso intenso que tuvo lugar durante los últimos años de mis veinte y que me transformó entera. No podía seguir presentándome hacia el afuera como alguien que ya no era, no lo sentía coherente, así que decidí no postergarlo y empezar. En principio dejé de presentarme como Lali, a partir de ahora para cada persona nueva que conocía era Carla. Eso también lo actualicé en mi LinkedIn y en todas mis cuentas de redes sociales: chau lali, hola carla, chau lali, hola carla, chau lali, hola carla. También me rompí la cabeza pensando en un nombre "artístico" que aparte de reflejar a quien soy en la actualidad, tuviera el dominio .com disponible para comprar y también estuviera libre en instagram sin puntos, guiones bajos o números (una odisea, les soy sincera, por momentos sentía que estaba buscando un unicornio) y con perseverancia lo encontré: carlabonomini, minicarlabono… ¡Minicarbono! ¿Está disponible el .com? Está. ¿Está disponible el usuario en instagram? Está. Reservar todos los nombres. Hacer un bailecito de felicidad. Respirar. Seguir la metamorfosis.

Hablé con las chicas de Chicha, con quienes trabajé en otras ocasiones tanto para laburos de clientes como brindándoles consultoría en redes sociales, y les pedí presupuesto para que me ayuden a darle una visual a Minicar-

bono, a bajar el concepto a tierra. Ya no me sentía rosa, ni prisma, ni Lila; no me veía más reflejada en los recursos gráficos de antes y quería algo que transmitiera hacia el afuera la madurez profesional y personal que estaba sintiendo surgir con esos 30 que ahora se encontraban a días de llegar. Después de ordenar mis ideas, de varias calls, mails, idas y vueltas... llegamos a esto:

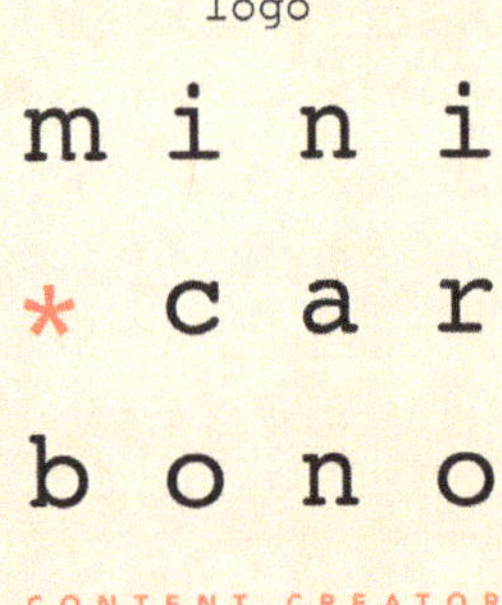

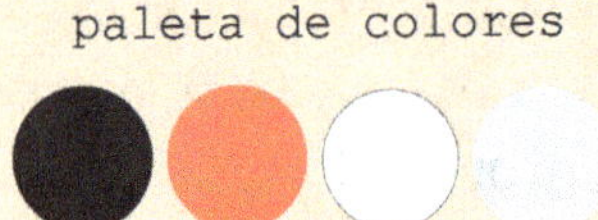

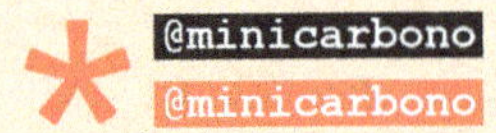

Decidí que el slogan fuera "content creator", cortito y al pie: es lo que hago y quiero que quede claro ya que, como el naming de por sí no dice mucho si no sabés mi nombre real, hacía falta una bajada explicativa. La tipografía del logo a su vez hace referencia a una máquina de escribir, lo cual le da una cierta nostalgia vintage que suelo tener presente en mi contenido. La paleta se siente más adulta, con el rojo medio terroso como protagonista, color que las chicas de Chicha sacaron con el cuentagotas de un vestido mío. ¡Es posta posta cuando digo que el branding personal está en todo lo que hacemos! El asterisco como recurso me sirve para ampliar aquello que haya quedado sin decir, y el resaltado remite a Instagram (específicamente a stories) que es por donde muevo mi trabajo. La idea que tuvieron las chicas de Chicha con esta identidad visual era que acompañara mis imágenes y mis textos, dejándoles protagonismo a ellos, y esto me vino bárbaro porque con esta metamorfosis también sentía que mi trabajo se estaba haciendo cada vez menos redes sociales y más "contenido significativo". Si bien sigo trabajando con y para clientes comerciales, siento que mi carrera orgánicamente se está volcando más a la idea brindarme hacia el otro. Y así lo plasmé en mi about en la web:

"En diez años de carrera pasé por muchas instancias profesionales y cada una de ellas hizo posible que hoy tenga el trabajo de mis sueños: crear cosas lindas para ayudar a los demás a descubrirse a sí mismos. A través de mi/s:

- newsletter mensual
- comunidad en Patreon
- workshops
- mentorías
- videos
- fotos
- escritos

Y siempre (pero siempre) llevando la introspección creativa como bandera, todo lo que nace de mí busca en última instancia inspirar a alguien más a patear a su censor, animarse a crear y permitirse sentir."

El proceso de llegar a este resultado que acá les cuento fue muy largo, muy intenso y muy pero muy introspectivo, pero valió cada segundo porque hoy miro todo y me siento absolutamente representada. Además siento que al haberme expuesto a este viaje me conocí más a mí misma, creciendo así yo también. Seguramente en algunos años transite otra metamorfosis nuevamente (¿qué es constante en esta vida sino el cambio?) y creo que ahí radica la belleza y el valor de un proceso de branding personal: frenar, mirar hacia adentro, preguntarte con honestidad y sin juicio "¿Quién soy?" y animarte a contarle a otro la respuesta.

* * *

Tres herramientas para despertar al ave fénix y renacer todas las veces que queramos:

Un ejercicio de revisión

Me gustaría que (si resuena la propuesta) te tomes un ratito para sentarte en soledad y preguntarte si todo lo que automáticamente seguís eligiendo día a día (desde tu marca personal hasta la gente que te rodea, la ropa que usás, tu color favorito, tus gustos) sigue estando verdaderamente alineado con quien sos hoy. Si te resulta muy amplio o abrumador podés empezar con una cosa puntual, por ejemplo, yo hace poco me hice esa pregunta con el café (una de las cosas que siempre dije que no me gustaba) y terminé descubriendo que, si bien antes no me gustaba, ahora es algo que me encanta. Tendemos a comprar mucho una versión de nosotros mismos y llevarla como un estandarte a todas partes, pero ¿Sigue siendo vigente? ¿Qué pasa si decido reinventarme? Te propongo que salgas a caminar, que te sientes en una placita o aunque sea en la ventana de tu casa y, sin música ni distracciones externas, hagas esa pequeña revisión a ver qué sale. Creo que podés llegar a sorprenderte con las cosas que seguís arrastrando hace un tiempo y ya ni siquiera sabés por qué.

Un recordatorio en forma de wallpaper

Somos obras en proceso constante, y eso me parece una noción liberadora. Nuestra versión actual no es definitiva: tenemos derecho a inventarnos y reinventarnos cuantas veces creamos necesario, porque somos obras en proceso constante, nada más y nada menos que eso. Pensando en esto se me ocurrió que sería lindo poder regalarles un recordatorio en forma de wallpaper con esta frase, para que cada vez que miran el celu se acuerden de que tienen... ¿permiso? ¿derecho? a cambiar. Le escribí a Cande Cabanillas y le pregunté si se copaba en ponerle su magia visual a esta frase para compartirla acá con ustedes. Lo que pasó después de este mensaje fue bastante especial: aparte de decirme que sí, resulta que el 1 de agosto (el día que envío este newsletter) sale también a la luz su primer libro "Las reglas del fuego". Este libro surgió para ella en pleno proceso de reinvención y de arder para dejarle lugar a lo nuevo, y que coincidan las fechas y los temas tan perfectamente me pareció una sincronicidad divina de esas que te dejan recalculando y diciendo "¡cosa e' mandinga!". Si no conocen a Cande, vayan a chusmear su espacio virtual, que es uno de los que más paz me transmite en internet. Y si usan alguno de los wallpapers que les regalamos pueden arrobarnos a las dos, si tienen ganas, o enviárnoslos por privado para que podamos ver esos recordatorios tan lindos dando vueltas por el mundo. Acá encuentran todos para que puedan elegir el que más resuene con ustedes.

Un vivo de Instagram

Hace bastante que no hago un vivo en Instagram y me pareció que esta temática daba para volver al ruedo, al menos por este mes. Tengo la suerte de estar rodeada de gente creativa increíble acá en Berlín, y dos de esas personas son Lau Martin (ilustradora) y Agus Coll (tatuadora), amigas muy

www.instagram.com/laumartinilus
www.instagram.com/aguscolltattoo/

queridas que me hice de este lado del charco. Las tres somos argentinas y las tres elegimos Berlín como ciudad para reinventar nuestra forma de vida, por eso nos juntamos a tener una charla informal, como las que tenemos todos los fines de semana en privado pero esta vez en público, conversando sobre cómo cada una desde su lugar en el mundo y su rubro tuvo que reinventarse al mudarse a Alemania para trabajar independientemente en plena pandemia. Migrar es reinventarse, definitivamente, y de eso se trató este encuentro.

PENSAMIENTOS

"La vida no se trata de encontrarte.
Se trata de crearte."

Bernard Shaw

Pienso que considerarnos prototipos en constante evolución nos permite liberarnos, ser quien queremos ser, probar cosas nuevas y adaptarnos cada vez que haga falta. Saber que no somos personas perfectas ni definitivas y que nada de lo que hoy decidimos está grabado en piedra nos da libertad, nos deja lugar para ser nosotros mismos quienes narremos nuestra propia historia. Y vos ¿Qué historia elegís contarte?

¡Hola del otro lado! ¿Cómo están? Yo muy bien, tratando de llenar mis días de amor, introspección y, este mes en particular, de Eckhart Tolle. Durante agosto, y probablemente por una sana combinación de los tres factores anteriormente mencionados, me di cuenta de que no solo puedo (¡y debo!) apoyarme en otras personas para proyectos de clientes, sino también para los míos personales. Bastante obvio, ¿No? Pero una a veces se cree tan única e irrepetible (Tolle me está haciendo reflexionar mucho sobre mi ego) que el solo hecho de pensar en delegar una tarea personal parece algo imposible. Hace unas semanas estaba yendo al estudio con el que colaboro mensualmente y, como cada lunes que voy, me

elegí un podcast para los 45 minutos de trayecto. Caí en mi amada Beatrice y su The Bliss Bean Show, específicamente en un episodio en el que tenía una conversación con su asistente, y me explotó la cabeza. ¿Esta pequeña mujer de 20 años tiene una asistente? ¿Vale eso? Se me encendió una lamparita, al otro día lo conversé con mi psicóloga (que casi más me hace una fiesta por esta revelación) y el día siguiente a eso ya estaba publicando una búsqueda en La Baumhaus: "Busco asistente creativa   ". Me parecía importante que fuera alguien del refugio, porque entonces sería alguien que sabe cómo funcionan mis proyectos y, más importante aún, alguien que por elegir estar ahí mes a mes ya me deja en claro que tiene un compromiso real con la introspección y la creatividad. Detallé qué me imaginaba para este rol, cuántas horas por semana, qué tareas desempeñaría, y lo lancé al refugio. A las pocas horas había recibido varios mails con propuestas y, si bien me guardé todas para tenerlas en cuenta en un futuro, me tocó decidirme por quien resonó inmediatamente y arrancamos a trabajar con Mer. Desde que escuché el podcast has-

www.instagram.com/_merpaolantonio/

Escribo esta notita un año y medio después y le agradezco tanto a esa versión mía por haber tomado esa decisión y por haber elegido a Mer. ¡Es un sueño trabajar con ella!

ta que cerramos con Mer pasaron literalmente tres días, y para mí cuando las cosas fluyen con tal naturalidad solo puede significar que están destinadas a ser. Hace poquitas semanas arrancamos y no les explico lo que me cambió la cotidianidad, siento que tengo más aire, mejores ideas, es increíble lo que cambia tener un poco de ayuda. ¿Por qué les cuento esto? Primero para que, quizás y si están en ese momento, contemplen delegar. Y segundo, porque en donde más me estuvo ayudando Mer estas semanas en justamente en este newsletter. La temática este mes es la magia de lo analógico, y creo que juntas pudimos armar una entrega que yo sola y con la cabeza quemada no hubiera podido lograr. Así que de ahora en más este news, tras casi un año y medio de existencia, se viene con la energía renovada propia del trabajo en equipo. ¿Será que me quedó resonando la entrega de julio (trabajo en equipo)? A veces siento que el news, además de ser una forma de conectar con ustedes, es una manera de conectar conmigo y transitar colectivamente mis procesos (yo definitivamente no soy la misma persona que a principios de 2020 cuando arranqué este proyecto). Gracias por estar ahí, una y mil veces.

Ahora yendo a la temática del mes: se me ocurrió que podríamos conversar sobre la magia de lo analógico porque hay pocas cosas en este mundo que me resulten tan intensamente maravillosas como las que son, lisa y llanamente, reales. Está buenísimo Spotify, es super práctico, pero no se compara ni cerca con la sensación de sentarse a escuchar un disco físico. Los jueguitos virtuales están muy bien, pero ni se le acerca a sentarse una noche a jugar juegos de mesa con amigos (por acá le damos duro al Dixit, el Secret Hitler y el Uno). Me gusta mi Kindle y me parece cómodo para llevar de vacaciones, pero la sensación de abrir un libro en papel es incomparable. Y así podría seguir con fotos analógicas, cuadernos en papel y una infinidad de maravillas de este mundo. En los últimos años siento que hubo una especie de renacimiento de lo analógico, que creo que se mal-relacionó con una moda hipster pasajera, pero que para mí tiene una raíz mucho más profunda: las cosas reales, los materiales que podemos tocar, los elementos con los que podemos interactuar, todos ellos nos hablan de la vida, de nuestra propia existencia material en este plano. No estoy desmereciendo a lo digital, pero me parece importantísimo que no abandonemos lo que existe en el mundo físico, que nos estimula la imaginación, la conexión con la vida y la introspección como no creo que pueda hacer nada digital. Por eso elegí hablar de eso en esta entrega, les voy a compartir tres fuentes de inspiración analógicas y tres herramientas para que, si así lo desean, conecten con experiencias tangibles y reales. ¿Arrancamos?

Tres fuentes de inspiración solo posibles gracias a la magia de lo analógico:

Un corto en stop motion

"Apoyate en la soledad - y sabé que no estás solo en ella". Esa es la hermosa premisa de How to be at home, un corto en stop motion hecho por Andrea Dorfman durante el aislamiento del 2020 en colaboración con Tanya Davis, quien escribió el poema del voice over. Son cinco minutos INSPIRADORÍSIMOS que no tienen desperdicio, hechos 100% con técnicas manuales. Yo terminé de verlo llorando, pero eso ya no es novedad por estos lares. Acá lo pueden encontrar para verlo (en inglés con subtítulos en inglés).

Un proyecto con cartas escritas a mano

Snail Mail My Email fue un proyecto artístico de Ivan Cash en el cual durante seis años un grupo de voluntarios recibió e-mails, los transcribió a mano y se los envió en forma de cartas físicas a los destinatarios originales (¡en total se enviaron 29.249 cartas!). La idea era incentivar el intercambio de cartas escritas a mano, encendiendo la primera llama: "La primera corre por cuenta nuestra, las demás dependen de vos". Pueden conocer más sobre el proyecto en su web oficial y sobre su detrás de escena en este video (en inglés). ¡En La Baumhaus también tenemos nuestro propio snail mail! Constantemente se hacen nuevos matchs entre dos personas en distintos lugares del mundo, y se empiezan a intercambiar cartas físicas. Así surgieron amistades y alianzas muy especiales que se sostienen a través del tiempo y que creo que por mail, Discord o redes sociales no hubieran sido lo mismo. ¡Punto para lo analógico!

Proyecto

Detrás de escena

Un documental de fotografía

Vivian Maier fue una street photographer estadounidense que pasó todo su tiempo libre detrás de cámara, pero nunca vio los resultados. El mundo solo la conocía por su trabajo de niñera, hasta que un día un chico compró en una subasta unas cajas repletas de rollos sin revelar: 100.000 fotografías espectaculares que no vieron la luz hasta que su creadora falleció. ¿Qué tiene que pasar por tu cabeza para sacar cientos de miles de fotos en tu vida y ni siquiera querer ver cómo salieron? Si les generó intriga (a mí me vuela la cabeza esta historia) les recomiendo el documental Finding Vivian Maier para conocer un poco más la historia detrás de una mujer tan enigmática como brillante.

Tres herramientas para conectar con la magia de lo analógico:

Un libro que estoy leyendo ahora

The revenge of analog, de David Sax, es un libro sobre la importancia de las cosas reales. "Ocurrió algo curioso en el camino hacia la utopía digital: volvimos a enamorarnos de los mismos productos e ideas analógicas que los gurús de la tecnología insistían en que ya no necesitábamos. Los negocios que antes parecían anticuados, desde la fotografía de rollo hasta los locales físicos de cemento y ladrillo, ahora cobran nueva vida. Los cuadernos, los discos y los artículos de papelería vuelven a ser cool. Llegó la venganza de lo analógico." Lamentablemente este libro no está editado en español (sí en inglés y en alemán, que fue como inicialmente lo descubrí) pero si leen en alguno de esos idiomas se los super recomiendo para seguir reflexionando sobre la vuelta a las bases. ♥

Una técnica analógica de manifestación

Un vision board es una representación visual de tus objetivos de vida. La idea es sentarse con papelitos, recortes de revista, tijera y pegamento y empezar a visualizar qué queremos en nuestro futuro (personal, profesional, vincular, lo que sea). ¡Y no hay mucha más regla que eso! Si bien creo fuertemente que la manifestación física de nuestros objetivos tiene un poder energético inmenso, si ustedes no creen *en esas cosas quizás* quieran probar la técnica igual pensándola desde un lugar más racional: hacer un vision board es parar a preguntarte qué querés y darle forma. ¿No es mucho más probable que sepas cómo seguir tus objetivos tras hacerte estas preguntas? No lo confundan con un moodboard (que se enfoca más en la inspiración estética), un vision board es un ejercicio de visualización más allá de la estética. Una vez terminado pueden colgarlo cerca de su espacio de trabajo, por ejemplo, o guardarlo para volver a él cuando necesiten un recordatorio de su hoja de ruta. Acá pueden ver algunos ejemplos para terminar de entender la idea.

Una juntada para crear un vision board

Un martes nos juntamos con un montón de lectoras del newsletter, cada una desde su casa con recortes de revistas, papelitos, lápices y todas las chucherías que encontramos, a escuchar música y armar nuestros vision boards. Nadie tenía que mostrar sus creaciones (yo no quiero mostrar mi board, es algo muy personal), simplemente la idea era reunirnos y aprovechar la energía colectiva para materializar nuestros objetivos a futuro. En La Baumhaus tenemos encuentros como este todos los meses para armar nuestros spreads del Bullet Journal y siempre es una linda experiencia hacer estas cosas en compañía. Si te copa la idea, podés sumarte a La Baum... ¡O incluso generar tus propios encuentros!

*"El mundo real no es blanco o negro. Ni siquiera es gris.
La realidad es multicolor, tiene infinitas texturas y capas emocionales.
Huele mal y sabe raro, y se deleita con la imperfección humana".*

David Sax

¿Y? ¿Les picó el bichito de conectar con el mundo tangible?

¡Hola del otro lado! ¿Cómo están? Por acá todo muy lindo, arrancando el otoño alemán. Llegó mi temporada favorita del año, la de las sopas, las mantitas, los parques estallados de cientos de tonos de naranja diferentes y calabazas en cada rincón. Posta: ¡Está lleno de calabazas por todos lados! Siempre en otoño estoy de un humor un poquito mejor que el resto del año, siento que todo llega a un balance muy armonioso que de alguna manera me llena de energías. AMO EL OTOÑO, POR SI NO QUEDÓ CLARO *se pone una vincha que dice "otoño" en glitter naranja y llora*.

Este que pasó fue un mes hermoso. Mi highlight de septiembre fue que hicimos house swap con una pareja que vive en Londres y durante diez días jugamos a The Holiday en esa ciudad (acá les cuento un poco más sobre esa experiencia). Tam-

bién retomé mi idea de cortar temprano los viernes y aprovechar la tarde para ir a un museo (la última visita fue al Museum für Fotografie, mención especial para el sector dedicado a Joel Meyerowitz y su ridículamente maravilloso manejo del color). Armamos un vision board por Zoom con algunas lectoras del newsletter que se sumaron, y eso también estuvo super lindo y me conectó con cosas hermosas. Mientras les escribo miro mi board, ahora enmarcado, como estrella guía que me indica hacia donde ir. Creo que fue la experiencia de Londres la que me dio la punta para la temática de este mes, porque abrirme a lo desconocido (darle las llaves de mi casa a alguien que acabo de ver por primera vez en persona hace 20 minutos e irme de la ciudad) me trajo experiencias increíbles, y descubrí que es un patrón que se da cada vez que salgo de mi zona de confort, siempre que me animo a dar el paso hacia lo desconocido termina pasando magia. Pienso en el día en que renuncié para siempre a la relación de dependencia a mis vein-

ticuatro años, el día que llegué a Berlín sin saber dónde iba a vivir…
Todas las veces que salté sin saber si había paracaídas fueron las
que más me cambiaron la vida para bien, y las que más agradezco
en retrospectiva. Yendo a cosas más chicas incluso, cuando trabajaba como redactora freelance para blogs (para los que eventual-
mente sacaba alguna que otra foto) unos compañeros del cowork
en el que trabajaba me preguntaron si me interesaría hacerles un
video para la home de su web. Mi primera reacción fue "no, no sé
editar videos" pero cuando se los comenté los vi igualmente tan
confiados en mí que decidí aprender. Le escribí a mi amigo Axel, le
hice un par de preguntas sobre Premiere y se ofreció a enseñarme a usarlo. Años después el video es una de las herramientas que
más oportunidades y puertas me abrió en mi vida: me dio Minas
a la Obra, me dio Heartmade in Berlin con funding de Adobe, me
banca mes a mes para vivir en la ciudad de mis sueños. Y todo por
un día correr mis miedos, decir que sí sin sobrepensarlo y animarme a abrirme a lo desconocido.

En esta entrega les voy a compartir tres fuentes de inspiración
que, espero, les den motivación para animarse a abrirse a lo que
aún no conocen, así como también tres herramientas que pueden
contribuir a dar este salto.

¿Arrancamos?

Minas a la obra

Heartmade in Berlin

Tres fuentes de inspiración para animarse a abrirse a lo desconocido:

Un corto de Pixar

Piper ganó el Oscar a mejor corto animado en 2017 y cuenta la historia de, justamente, Piper, un pajarito que para poder comer necesita animarse a dejar el nido y enfrentar sus miedos. Sí, adivinaron, lloré de ternura literalmente cuando lo vi, y además me sentí tan tan tan identificada con ese bebito. Si quieren verlo, lo pueden hacer acá (necesitan iniciar sesión en Vimeo para verlo).

Un especial de Brené Brown

Ya hablamos de esta gran mujer en alguna que otra entrega, lo que hoy les vengo a recomendar es un especial de Netflix que se llama "Brené Brown: The Call To Courage". En él, Brené reflexiona (con el humor y la empatía que la caracteriza) sobre la importancia de elegir la valentía por sobre la comodidad y cómo, inevitablemente, ser valiente equivale a ser vulnerable. "Sin vulnerabilidad no hay creatividad. Sin tolerancia a la frustración no hay innovación. Es así de simple" dice Brené, y yo le doy la segunda. Super inspirador y lúcido, como todo lo que sale de ella, y especialmente recomendado para quienes tienen ganas de probar algo nuevo o lanzar alguna idea al mundo, pero tienen miedo del qué dirán. Para ustedes, Brené les dedica un "a la gilada ni cabida" más elegante: "Muchos de los asientos baratos del estadio están ocupados por gente que nunca se mete al barro. Si vos no estás también en el estadio recibiendo una paliza *(getting your assed kicked)*, no me interesan tus comentarios" Tomá pa vos, hater, un saludo desde el planeta de la gente que se anima.

Un fragmento de un podcast con Lauren Hom

Me encanta Lauren Hom, ya lo dije muchas veces. La manera en la que encara sus proyectos, cómo gestiona su negocio, su creatividad, su girl power, todo en ella me inspira un gran SÍ SEÑORA. Estuvo de invitada en el podcast Side Hustle's Perspective with Scotty Russell y lo que dijo en este fragmento está totalmente en sintonía con todo lo que pienso con respecto a animarse a intentar cosas nuevas: "Construís confianza a través del tiempo y la acción. Cada vez que lo hacés da un poco menos de miedo, incluso se normaliza." dice Lauren. Además, cuando te das cuenta de que "lo peor que puede pasar si falla" en realidad no es tan malo, que no hay casi nada para perder y todo para ganar. "It's a no brainer". ¡A crear cosas nuevas, entonces!

¿Les dieron ganas de animarse a probar cosas nuevas y lanzarse a lo desconocido? Les dejo tres herramientas para activar:

El tarot como guía

No sé nada de tarot. Me tiraron las cartas alguna que otra vez y mi mejor amiga cada tanto me tira un "yo no sé cómo vos todavía no aprendiste tarot" cuando le cuento alguna cosa mística que me pasó, pero no mucho más que eso. De todas formas, cuando estoy estancada con algo, a veces me permito consultarle a una especie de oráculo cómo seguir. Tengo unas cartas de Spirit Animals basadas en arquetipos y un libro enorme de Tarot con todas las cartas, y a veces les pregunto cosas. Cuando lancé Barajar y dar de nuevo, mi taller de organización personal y planificación de objetivos, estaba un poco estancada con el tema de la visual y decidí cortar el laburo y salir a dar una vuelta. Me fui con mi amiga Lau al local de Taschen sobre la Kudamm, en Berlín, y me topé con un libro de tarot hermoso que me llamó la atención y que compré sin pensarlo demasiado. Al volver le pregunté al libro para dónde ir con la visual del taller, abrí una página al azar y salió la carta XX, el juicio. Antes de leer de qué se trataba flasheé con el número, porque el curso lo estaba lanzando en 2020, pero cuando me puse a leer me explotó el cerebro: esta carta representa un tiempo de resurrección y despertar, un período de nuestra vida que llega a un final absoluto haciendo lugar para nuevos comienzos. Exactamente lo que estaba pasando a nivel colectivo y también exactamente la esencia de Barajar: volver a dar las cartas, resurgir y empezar de nuevo. Así que sepan o no, crean o no, prueben darle una chance a esta herramienta para ver qué mensajes les deja y qué ideas les despierta. Hay un video que me encanta que describe bastante bien por qué el Tarot me parece una buena herramienta para abrirse a lo desco-

nocido: "cuando dejás ir esa necesidad de calificar y explicar experiencias que no entendés y por un momento simplemente te entregás a la belleza del misterio, de no saber cómo funcionan ciertas cosas, emerge una profunda sabiduría."

Un ejercicio disparador

Agarrá un papelito y anotá la siguiente pregunta: "¿Cuándo fue la última vez que hiciste algo por primera vez?". Pegala en tu espacio de trabajo o estudio y tenela siempre presente, hacete esa pregunta cada tanto. Uno de mis mayores miedos es mirar hacia atrás un par de años y ver que todo en mi vida sigue exactamente igual, y esta pregunta me incita a probar cosas nuevas y hacer que ese miedo al estancamiento sea imposible y que cada año le sume algo al anterior.

Un desafío

¿Se acuerdan de #abrilsinredes? Volvió, en forma de fichas como #octubresinredes. No voy a usar ninguna red social durante octubre para conectar con otras experiencias, y creo que este mes de distanciamiento virtual es una linda herramienta para hacer espacio mental y probar cosas nuevas. Esa receta que todavía nunca hiciste, ese libro que hace mil querés leer, esa película experimental de 4 horas que nunca encontrás motivación para sentarte a ver: un mes sin redes sociales puede hacer maravillas.
¿Se suman conmigo? 🧡

Los dos meses sin redes de 2021 me ayudaron muchísimo a resetear mi relación con el entorno digital. ¡Te recomiendo mucho que lo prubes si te llama!

"Espero que cometas errores.
Porque si estás cometiendo errores,
entonces estás haciendo cosas nuevas,
probando cosas nuevas,
aprendiendo, viviendo, empujándote,
cambiándote a vos y cambiando a tu mundo.
Estás haciendo cosas que nunca habías hecho antes
y, lo que es más importante, estás haciendo algo"

Neil Gaiman

*

¡Hola del otro lado! ¿Cómo están? Este momento estoy escribiéndoles desde un avión, que me va a llevar a otro avión, que me va a llevar a otro avión, que me va a llevar a casa. Durante octubre, además de no usar redes sociales, me la pasé viajando de acá para allá y ya cerrando el mes finalmente va siendo hora de volver a casa. Fue una experiencia muy linda la de viajar sin subir ni una historia y que nadie más que mi familia y un par de amigos lo sepan: vi muchos amaneceres soñados, me metí al medio del mar a las cuatro de la mañana en una isla para conocer la bioluminiscencia, hicimos un picnic con mi novio en el Central park, fuimos a ver el Rey León a Broadway, vi street art en Wynwood Walls y prácticamente nadie se enteró hasta ahora, que se enteran quienes lo están leyendo. Me estoy acostumbrando a esto de compartir fragmentos de mi vida como y cuando yo quiero, en lugar de apenas suceden y sin digerir, y eso me hace sentir libre. Siento que con todo esto de alguna manera le estoy haciendo trampa a Zuckerberg y a su máquina de adicción, búsqueda de validación y publicidad, y que por eso el camino recorrido hasta acá valió la pena. Que se puede vivir más en calma, más conectada con mis propias verdades y menos con la mirada de los demás.

Y en relación a esto de conectar con lo que es verdadero, este mes por primera vez en SIEMPRE desde que soy freelancer me tomé vacaciones para desconectar la mente por completo. Ahora que tengo un pequeñito equipo en donde apoyarme, tanto para La Baumhaus como para trabajos freelance, pude delegar tareas, setear una respuesta automática en mi casilla de mails, desinstalar la app de Gmail del celular y dedicarme a disfrutar del presente. Fue interesante ver cómo mi ansiedad bajó una barbaridad apenas empecé las vacaciones (yo le echaba casi toda la culpa a las redes, pero parece que tengo que enfocarme también en la intensidad

recorriendo el mundo sin
que instagram lo sepa

de mi autoexigencia laboral) y también descubrir lo muuucho que extrañé a La Baumhaus estos días, que se quedó Mer a cargo de todo (¡Gracias por existir!), así que vuelvo al ruedo con energías renovadas y muchas ganas de llevar nuevas propuestas al refugio creativo del amor.

Uno de mis grandes miedos a la hora de desconectar este mes era el newsletter. ¿Sobre qué voy a escribir y cuándo lo voy a hacer? Noté que empezaba a surgir el miedo a fallar y lo frené en seco: dejalo que baje solo. ¿Ya les conté que yo siento que los temas del newsletter me bajan? No los suelo planificar mucho ni les pongo demasiada mente, simplemente presto atención y los dejo aparecer. Y no me parece casual que justo el mes en que decido desconectar mi cerebro analítico y estratégico para dedicarme a disfrutar sienta que tengo que escribir sobre espiritualidad en relación a la creatividad. Para mí ser una persona creativa es permitirse conectar con algo más grande, yo lo llamo Universo, pero pueden llamarlo energía, Dios o como más cómodo les quede. Durante mi vida pasé por muchas etapas y por un tiempo me comí mucho el personaje *too cool for school* de mi ateísmo (¿Crees en algo que no ves? ¿Sos *estúpida*?) hasta que, para mi sorpresa, descubrí que efectivamente en algún punto de mi interior SÍ creía en cosas que no podía ver, creía de verdad, y que conectar con eso me hacía sentir plena, feliz y más creativa. Si ustedes no creen en esas cosas y al leer esto están sintiendo cringe, los entiendo: estuve ahí también y generarles eso me dio miedo mucho tiempo, pero en algún punto decidí que no quiero caminar en puntitas de pie alrededor de mis creencias y que la vida es demasiado corta para tratar de andar agradándole a todo el mundo todo el tiempo. Así que si nada de esto que estoy escribiendo resuena con ustedes esta vez: *no hard feelings*, nos leemos el mes próximo.

Hecha esta intro y retomando el tema de la creatividad, ¿alguna vez se pusieron a pensar de dónde vienen nuestras ideas? ¿Qué son los momentos de inspiración? ¿Qué nos guía cuando estamos creando algo? ¿Será que eso que llamamos creatividad es simplemente la conexión con nuestra fuente de origen, un momento de claridad que nos permite traer a este mundo algo que ni siquiera sabíamos que estaba en nosotros hasta que lo vimos surgir?

Soy una persona estructurada, creo que tengo grandes ambiciones en el plano material y me gusta planificar estrategias concretas para alcanzarlas, y toda esta búsqueda a veces me aleja un poco de la otra parte de mí, la menos tangible, que tan ligada está a mi creatividad. Este newsletter es un recordatorio para mí y para quien resuene con su mensaje: nuestro cuerpo es un envase transitorio que contiene en un instante un pedacito de eternidad. Permitirnos crear es, para mí, permitirnos ser eternos. Y sí, eso se puede traducir en prosperidad económica, reconocimiento y otras búsquedas más materiales, pero esas son consecuencias, efectos secundarios de la creación auténtica que viene de lo más profundo de nuestro ser. Porque cuando conectamos con lo que estamos creando, cuando nos dejamos llevar por la inspiración, cuando nos olvidamos por un rato del celular, de los likes, de la plata y de todo lo que nos ata a este plano y simplemente nos dejamos llevar por el disfrute divino de la creación, en ese instante no creo que haya mucha diferencia entre quienes somos y la eternidad. ¿Y no es eso mucho más inspirador que buscar un par de likes? Si están de acuerdo conmigo en que sí, acá les dejo como siempre tres fuentes de inspiración, tres herramientas y algunos pensamientos sueltos que espero que contribuyan a seguir explorando la relación entre creatividad y espiritualidad. ¿Arrancamos?

INSPIRACIÓN

Tres fuentes de inspiración para precalentar los motores creativos y espirituales.

Un corto sobre los misterios de la inspiración

"Where do ideas come from?" es un corto muy lindo para entretener la pregunta sobre el origen de la inspiración. ¿Qué es? ¿Es algo que llega de la nada? ¿Aparece como resultado de una búsqueda? ¿De dónde vienen las ideas? A mí la conclusión que más me interpeló fue la del final: a veces nos taladramos el cerebro para encontrar una idea y nos enroscamos en mente y mente y más mente, cuando la respuesta es mucho más simple de lo que pensamos- las ideas creativas pueden venir de donde sea, incluso de un tacho de basura, *as long as it's outside of your freaking head*. Pueden ver el corto completo en inglés acá y elegir sus propias conclusiones favoritas.

Un aprendizaje de David Lynch

Para David Lynch, cineasta, artista y varias etiquetas más, la creatividad es una forma de felicidad a la que solo podemos acceder con una mente en calma. Según él, el mundo no tiene por qué entender todo lo que hacemos: hay que crear para uno mismo, para encontrar la libertad en el acto creativo. Y se toma al pie de la letra esto de que no hay que entenderlo, claramente (yo a Lynch no le entiendo nada) pero me parece una propuesta interesante la de dejarse fluir y, en vez de intentar entrar en un molde de agrado colectivo, conectar con la parte más profunda de nuestro ser y ver qué sale naturalmente. ¡A él así tan mal no le va! Hace mucho hincapié también en la meditación para conectar con esas ideas que andan dando vueltas constantemente, como una manera de alcanzar la mente en calma propicia para dar lugar a la creatividad. Si les interesa leer más sobre esto, Lynch escribió un libro llamado *Catching the Big Fish: Meditation, Consciousness, and Creativity* que profundiza más sobre estas ideas.

"¿Tiene alguien, a finales del siglo XIX, un concepto claro de lo que los poetas de épocas poderosas denominaron *inspiración*? En caso contrario, voy a describirlo. – Si se conserva un mínimo residuo de superstición, resultaría difícil rechazar de hecho la idea de ser mera encarnación, mero instrumento sonoro, mero *medium* de fuerzas poderosísimas. El concepto de revelación, en el sentido de que de repente, con indecible seguridad y finura, se deja ver, se deja oír algo, algo que le conmueve y trastorna a uno en lo más hondo, describe sencillamente la realidad de los hechos. Se oye, no se busca; se toma, no se pregunta quién es el que da; como un rayo refulge un pensamiento, con necesidad, sin vacilación en la forma – yo no he tenido jamás que elegir." La creatividad como un acto de posesión de la divinidad... ¿No le quita peso a la vida pensar que quizás la creatividad que buscamos no esté adentro nuestro, sino que necesitamos buscar una manera de conectar con cierta divinidad para alcanzarla? Limpiar nuestra mente y reducir el ruido para poder ser un buen receptáculo, ya sea a través de la meditación, de terapia o de lo que mejor le quede a cada quien. La próxima vez que tengamos un bloqueo creativo, en lugar de taladrarnos el cerebro quizás logremos entender que lo mejor que podemos hacer es respirar y salir a caminar por un parque, a ver si quizás algo más grande que nosotros se copa tirándonos la soga justa que andábamos necesitando.

HERRAMIENTAS

Tres herramientas para seguir ahondando en la relación entre espiritualidad y creatividad:

Un libro

Free Play: Improvisation in Life and Art, de Stephen Nachmanovitch, es el libro que me hizo pensar por primera vez en que quizás la inspiración y la creatividad provenían de algo externo a mí. En él, el autor hace referencia entre otras cosas a la palabra sánscrita "lîla", que significa el juego divino, la conexión con la divinidad a través de la creatividad (si me conocen desde antes de Minicarbono probablemente les suene este nombre, que fue mi alterego laboral por varios años). Si después de este news quieren seguir ahondando y reflexionando sobre inspiración y su relación con la espiritualidad, este puede ser un buen camino.

Una propuesta / un recordatorio

Si ya hicieron El camino del artista esto va a ser un recordatorio, si no lo hicieron entonces será una propuesta: tengan citas con su artista. Son momentos que compartimos semanalmente con nosotros mismos y con nadie más, un espacio en el que nos permitimos salir de paseo y hacer algo que nos divierte, ya sea ir a un museo, a una librería, al cine o simplemente a caminar. A mí las citas con mi artista me hacen sentir una nena que salió a jugar, y eso probó ser oro para mi creatividad: las mejores ideas de mi vida (La Baumhaus, por ejemplo) nacieron cuando más comprometida estaba con mis citas. Ni siquiera hace falta salir de casa (La Baum nació en pleno lockdown pandémico), solo hace falta agendarse un momento en la semana para disfrutar de un momento a solas y pasarla bien, sin mucha más (ni mucha menos) agenda que esa.

Una charla TED

¿Conocen a Elizabeth Gilbert? Es la autora detrás del libro Eat, Pray, Love y una ferviente seguidora de las enseñanzas de my lady and savior Julia Cameron. Tiene una charla TED en la aporta puntos de vista muy interesantes para seguir reflexionando sobre la relación entre creatividad y espiritualidad, la cual encuentran acá.

*"As an improvising musician, I am not in the music business,
I am not in the creativity business; I am in the surrender business."*

Stephen Nachmanovitch

Para personas hipermentales e hiperconcretas como yo, sé lo desafiante que puede resultar abrirse a la posibilidad de que la creatividad no esté en nuestro cerebro sino en algún lugar intangible al que no se accede sobrepensando. También sé lo liberador que se siente entregarse a esa idea, simplemente elegir creerla y dejarla ser. No tengo la verdad absoluta de nada, soy un ser humano diminuto lleno de preguntas en un puntito de esta enorme galaxia, lo único que sé con certeza es lo bien que me siento cuando dejo de atar mi vida exclusivamente a mi mente; y la magia que puedo crear yo misma a mi alrededor cuando me permito conectar con cosas que no comprendo del todo racionalmente. Espero que algo de todo esto que escribí hoy sirva para que al menos una persona allá afuera se sienta así también.

¡Hola del otro lado! ¿Cómo están? Yo bien, pero cansada. No sé si es algo psicológico de saber que se está cerrando el año, pero en diciembre siempre me siento como si necesitara que llegue el 31 para tocar fondo en la pile y salir con toda para arriba a encarar el 1 de enero con nuevas energías, planes, proyectos y, por supuesto, nuevo bullet journal (lo compré hace dos meses y no veo la hora de empezar a armarlo). Fin de año se vino intenso, con un montón de proyectos hermosos pero que demandan tiempo y energía. Uno de ellos fue este calendario del amor que sacamos con mi amiga Lau Martin, que nos tiene de acá para allá (¡esta semana estamos en TRES ferias de navidad!). También estoy pre-parando algo enorme de lo que todavía no puedo hablar, pero que me está demandando mucho, además de los trabajos de siempre. Todo lindo, pero un montón, y un poco me está pasando fac-tura. Mi idea este mes es cerrar todo lo que pue-da, así empiezo enero fresquita como una lechu-ga. Después les cuento. ⟶ Después = ¡en la tercera Bitácora!

¡Era el curso de Passion Projects en Domestika!

El mes pasado tanto en este news como en La Baumhaus la temática fue "espiritualidad y creatividad" y por eso me pasé el mes consultando a mi oráculo de spirit animals, sacando cartas para las 86 personas de La Baum que quisieron participar de la misión creativa de noviembre. El primer día que me senté a sacar cartas encendí una vela, puse un pañuelo sobre mi escritorio y coloqué sobre él el mazo del oráculo. Me concentré, cerré los ojos y saqué una: el ave fénix. Al toque: *qué boluda, me olvidé de pensar en alguien antes de sacarla. Che, pará… ¿Y si este mensaje era para mí?* El fénix resonó instantáneamente con los procesos que estoy viviendo desde que me fui de Argentina, muchas cosas de mi vida anterior se prendieron fuego y se hicieron cenizas y me llevó un tiempo entender que eso, lejos de ser una tragedia, era algo bueno. Que a veces hace falta que se enciendan muchas cosas, incluso las que pensaste que nunca lo harían y hasta vos misma porque *first, burn in thine own flame, then, become new and rise above the ashes*, y el fénix apareció hacia fin de año para dejarme un mensaje: sé consciente de tus procesos, dejá que arda todo lo que tenga que arder y mirate resurgir. Eso, aparte de dejarme recalculando, me dio la pista para la temática de diciembre: finales y comienzos. Me pareció lindo extenderle el mensaje del fénix a todos ustedes, porque ¿qué mejor momento que diciembre para dejar atrás lo que ya no está alineado con quienes somos y abrazar la incertidumbre de lo nuevo? ¿No es demasiado pesado andar por la vida cargando equipaje que ya nos queda viejo, drenando nuestra energía y, al final de cuentas, coartando nuestra creatividad? Encendamos esa cerilla, dejemos que arda todo lo que ya no es y encaremos lo que se viene con los brazos y el corazón abiertos, que la vida es muy corta y el camino frente nuestro demasiado lindo como andar perdiendo tiempo mirando para atrás.

¿Arrancamos?

¿Me lloré todo redactando este newletter? Me lloré todo redactando este newsletter.

PHOENIX
O
FREEDOM FROM SUFFERING
& PAST KARMA, REINCARNATION
FIRST
BURN IN THINE OWN FLAME
THEN
BECOME NEW
& RISE ABOVE THE ASHES

INSPIRACIÓN

Tres fuentes de inspiración para aceptar los finales y abrazar los comienzos:

Una canción de Death Cab For Cutie

Your Heart is an empty room me llega al centro del alma desde siempre, pero especialmente en este período de desarraigo y redescubrimiento de quién soy me llena los ojos de lágrimas y el corazón de energía. Si alguien más necesita cerrar ciclos este diciembre para dejar lugar a lo nuevo, nadie mejor que Ben Gibbard como guía:

> Burn it down till the embers smoke on the ground
> And start new when your heart is an empty room
> With walls of the deepest blue
>
> The flames and smoke climbed out of every window
> And disappeared with everything that you held dear
> But you shed not a single tear for the things that you didn't need
> Cause you knew you were finally free

La pueden escuchar acústica y en vivo acá.

Un video con principios y finales del cine

¿Qué podemos aprender examinando solo la primera y la última escena de una película? First and Final Frames muestra los comienzos y finales de 55 películas, lado a lado. Algunas muestran progreso, otras declives, algunas son parecidas, otras muy distintas, pero todas transmiten algo sobre el proceso que atravesó su protagonista. ¿Cómo serían la primera y la última escena de la peli de nuestra vida? ¿Habría progreso, habría declive? ¿Me inspiraría mirar mi peli ya terminada? ¿Sería mi película favorita, como Mulán cuando era chica, para mirarla una y otra y otra vez? Pueden ver First and Final Frames acá.

Los ciclos de la naturaleza

Yo sé que los seres humanos nos creemos amos y señores de todo, más arriba que cualquier forma de naturaleza, pero ey, nos tengo una noticia: somos un puntito más en el ecosistema, nada más. Teniendo eso en cuenta, y sabiendo que en la naturaleza todo es cíclico, que todo está terminando constantemente para volver renacer, que lo viejo siempre da lugar a lo nuevo, que el cambio es constante e infinito... ¿No estamos siendo un toque necios si queremos que todo siga siempre igual? ¿No es justamente este constante devenir, el correr de las estaciones, las distintas fases lunares, el animal que muere y es abono para la tierra, parte de nuestro equilibrio natural? ¿Y si probamos el camino de la naturaleza, a ver cómo nos va? Abrazar este devenir, aceptar la impermanencia, recibir cada cierre sin pelearlo y cada comienzo sin resistirlo. No suena nada mal, ¿no?

HERRAMIENTAS

Tres herramientas para que sea un poquito más fácil dejar ir y abrazar lo que viene:

Un texto de Paulo Coelho

SÍ, leyeron bien, COELHO. Sé que no tiene muy buena fama entre snobs pero, then again, yo no lo soy (¡y tampoco me caen bien ustedes, snobs, váyanse de mi casa!) y este texto me levantó muchas veces cuando me tocaba aceptar un nuevo final en mi vida. Se llama Cerrando Círculos y  creo que comparte verdades muy sinceras que aportan a entender que a veces la salida que queda es, simplemente, cerrar ese ciclo y mirar para adelante:

"El pasado ya pasó. No esperes a que te devuelvan, no esperes a que te reconozcan, no esperes a que "alguna vez se den cuenta de quién soy yo". Suelta el resentimiento; al prender tu "televisor" personal para ver y volver a ver el asunto, lo único que consigues es dañarte mentalmente, envenenarte, amargarte. La vida camina hacia adelante, nunca hacia atrás. Porque si andas por la vida dejando puertas abiertas, "por si acaso", nunca podrás desprenderte ni vivir el hoy con satisfacción. Noviazgos o amistades que no terminan, posibilidades de "regresar" (¿a qué?), necesidad de aclaraciones, palabras que no se dijeron, silencios que te invadieron. Si puedes enfrentarlos ya y ahora... ¡Hazlo! Si no, déjalos ir, cierra capítulos. Di para ti mismo que no, que no volverá. Pero no por orgullo ni por soberbia, sino porque tú ya no encajas allí, en ese lugar,

en ese corazón, en esa habitación, en esa casa, en esa oficina, en ese oficio... Ya no eres el mismo que se fue, hace dos días, hace tres meses, hace un año, por lo tanto, no hay nada a que volver. "
Lo pueden leer completo acá.

Un video de Sopa

Ya les hablé en otra ocasión de las chicas de Sopa, que me gustan un montón. Esta vez quería compartirles un video que subieron durante el momento más intenso de la pandemia, dentro de una serie que llamaron #hoypensabaque. Este video en particular no habla necesariamente de cerrar ciclos o empezar nuevos, pero sí habla de algo que creo que está completamente relacionado con eso: la importancia de aceptarte con todo lo aprendido, lo dicho, lo hecho, lo deshecho. Me parece un lindo recordatorio de que para quererte más tenés que dejar de mirar atrás y empezar por confiar en vos. Lo encuentran acá.

Barajar y dar de Nuevo

Este taller nació a finales de 2020 en el afán de plantarse bien sobre el presente y planificar lo que se viene a futuro, y creo que está muy alineado con la propuesta de este mes. Por eso decidí volver a traerlo solo durante diciembre, en una edición especial para quienes se hayan quedado con las ganas de, justamente, barajar y dar de nuevo.

PENSAMIENTOS

"These things have served their purpose: let them be.
So with your own, and pray they be forgiven
By others, as I pray you to forgive
Both bad and good. Last season's fruit is eaten
And the fullfed beast shall kick the empty pail.
For last year's words belong to last year's language
And next year's words await another voice."

T.S. Eliot

Ese fragmento de Little Gidding de T.S.Eliot me acompaña hace muchos años cada diciembre, y este mes quiero regalárselos para que los acompañe a ustedes también. Ojalá este envío haya contribuído un poquito a dejar ir lo que ya no va y hacer lugar para lo que se viene, que recontra va. Deseo que el año entrante los encuentre con el corazón en calma, la mente en paz y muchas, muchas ganas de crear cosas nuevas. La vida está para adelante y hay un montón por hacer. ¡Vamo arriba, entonces!

Y hasta acá lo que fue el segundo año del newsletter. Un año muy especial en el que, a través de procesos de construcción y destrucción, aprendí muchísimo sobre mí y el mundo que me rodea. Espero habértelo podido transmitir de una manera que le aporte valor a tu propio camino también.

Esto continuará...
Si querés seguir la conversación, me podés encontrar en:

minicarbono

carla@minicarbono.com

minicarbono.com

acá podés suscribirte al newsletter,
para recibirlo de manera gratuita
mes a mes

minicarbono
-CREATOR-

Para esta segunda bitácora mi deseo era que quien ilustre la tapa sea parte de La Baumhaus, y así fue que llegué a Flor. Hay algo mágico en ella que se ve super reflejado en su trabajo, y desde que vi un zorrito del bosque que ilustró para su amiga invisible en La Baum se me metió en la cabeza que esta tapa tenía que estar en sus manos. Se me cumplió el deseo, y el resultado es más hermoso de lo que me podría haber imaginado jamás. Aparte de crear algo mágico, lo hizo con profesionalismo, compromiso y entrega, y no puedo más que recomendarla con muchísimo ímpetu para cualquier trabajo de ilustración.

Si querés conocer más sobre su trabajo, podés encontrarla en:

estudiohanna

floranahih@gmail.com

www.behance.net/estudiohanna

*

de Gigi Benazzo

www.ingramcontent.com/pod-product-compliance
Lightning Source LLC
Chambersburg PA
CBHW051432150726
48000CB00005B/2068